祝延万寿

万寿寺历史文化艺术

北京艺术博物馆 王丹 著

北京燕山出版社

作者简介　　　　王丹，北京艺术博物馆馆长。中国博物馆协会常务理事。曾任北京文博交流馆（北京市智化寺管理处）、北京石刻艺术博物馆馆长。2002—2016 年，先后打造了智化寺、五塔寺院落的整体提升，营建集历史遗址、博物馆陈列、环境绿化于一体的“网红打卡”地。2017 年任北京艺术博物馆馆长，主持了万寿寺继 1894 年为庆祝慈禧太后六十大寿的大规模修缮之后的再次大修，使曾经被乾隆皇帝誉为长河上所有僧庐梵舍之冠的万寿寺得到全面修缮。曾荣获北京市“三八”红旗奖章，并获选北京市“四个一批”人才、大运河守护人称号。

前言

清晨的阳光洒到长河水面的时候，从紫竹院至颐和园的游船开始了一天的往来行驶。作为京杭大运河上游主要的水道，长河联系着皇城与西郊三山五园，是目下北京城唯一保持观光游船通行的河道，已经延续了五百余年通船的传统。能保持这一传统经久不衰的原因，在于水源来自白浮泉与京西玉泉山诸泉，使长河拥有清澈的水质；在于河上建有高梁桥、高梁闸、白石桥、广源闸、万寿寺码头、麦钟桥等水利设施，使长河便于舟车更替；在于有清一代各朝帝王刻意下令沿河栽柳植桃，使长河两岸景色宜人；更在于河畔建有极乐寺、大正觉寺、紫竹院行宫、延庆寺、万寿寺、广仁宫等寺院、皇家行宫，不断翻建扩建的楼阁殿宇、不断举办的庆典活动、不断创作传唱的诗词歌赋，使长河依然保持着难得的人文情怀。

万寿寺是奉献这份人文情怀的最显赫所在。始建于明代万历五年（1577）的皇家佛寺"护国万寿寺"，目前占地面积依然保留34000余平方米，有中路、东路、西路三组建筑群落，布局分明，殿宇伟岸，素有京西小故宫美誉：中路佛寺伽蓝七堂规制严谨，西路慈禧太后的梳妆楼气宇妖娆，东路方丈院静谧端庄。这片保存尚好的古建筑群，如一方美玉镶嵌在长河的北岸，东接广源闸、南临紫竹院、西靠苏州街、北眺玉泉山，寺院外有御道、码头衔接长河，水面波光粼粼，河堤垂柳依依；寺院内有古树、假山互为辉映，庭院绿荫碧碧，殿堂繁密重重。

万寿寺在明代由万历朝慈圣皇太后出巨资兴建，万历皇帝亲命寺名"护国万寿寺"，首辅张居正撰写创建碑文，确立了万寿寺的显赫地位，传递着母慈子孝、君贤臣敬的信息。万寿寺在清代由顺治皇帝再赐门额"敕建护国万寿寺"，康熙皇帝扩建西路行宫，雍正皇帝为大雄宝殿题写"慧日长辉"匾额，乾隆皇帝增建中西合璧的巴洛克风格西洋门等诸多景观，光绪皇帝大修殿宇彩画并由帝师翁同龢再撰碑文……几朝帝王、太后的垂青扩建，一次次彰显着万寿寺贵重的皇家风范。中华人民共和国成立以后，人民政府对万寿寺极为重视，不仅把它列入全国重点文物保护单位名录，而且多次拨款维修。1987年万寿寺辟作北京艺术博物馆，拥有藏品洋洋十二万件之多。昔日辉煌的古建筑成为文化展馆，举办了诸多颇具特色的古代艺术展览，其中的中国古瓷窑、古玉器两大系列展览，吸引了众多观众，创立了品牌效应，在全国古代艺术展览领域描绘了浓墨重彩的画卷。

随着京杭大运河列入世界文化遗产，我国对大运河文化带建设和保护力度不断提升。北京艺术博物馆以安全、学术、活力、数字化为建馆目标，结合万寿寺古建筑特色，在造园理景、古建筑修缮利用、藏品保护展览等诸多方面都有了长足的发展。特别是2017—2021年历时五年的古建筑大规模修缮以后，这片园囿更加气度万千、美轮美奂。北京艺术博物馆结合藏品特色对万寿寺三路区域内的展厅分布再次进行了梳理与规划，策划推出了万寿寺中轴线上的《缘岸梵刹》万寿寺历史沿革展、《妙法庄严》佛像艺术展、《吉物咏寿》寿文化展、《万几余暇》清代皇室书画展、《云落佳木》明清家具展，与此同时锦绣馆、斫木堂、学者书屋、北岸讲坛、万寿邮局等公共空间也相继建成，丰富的互动项目与公众共享。随后，陶瓷艺术馆、玉器艺术馆、明清服饰馆、文房四宝馆、古代钱币馆、百年海棠院、慈禧梳妆楼等一批展馆也将陆续开放。流淌不尽的长河滋养了万寿寺，作为大运河文化带上重要文化节点的万寿寺也正在以其独有的方式回馈长河，回馈我们正在经历的伟大时代。

目录

祝嘏延洪

（1577—1917）

京城西北的山林、土壤、水域在历代王朝孜孜不倦的营建下，从杳无人烟的荒郊野外，逐渐形成带有人文印记的精彩城郊，长河流域更是集风景与人居为一体的上乘的风水宝地，这也是万寿寺选址于此的背景原因之一。西直门外向西七里，长河第一道闸——广源闸处，地域开阔，植被繁茂，水陆交通位置优越，明代崇信佛教的万历皇帝生母李太后，一方面为完成先帝兴办经厂的遗愿，一方面为十岁登基的儿子祈福，选择在广源闸上游不远处的长河北岸建寺，是最为上乘的决策。尔后三百余年，万寿寺历经多次举国庆典，寺院得到多次扩建和修缮：康熙皇帝在西路兴建行宫、举办六旬庆典，乾隆朝为崇庆皇太后举办六旬和七旬庆典，慈禧太后举办六旬庆典无一例外地使万寿寺建筑群落得到扩大和翻修。随着年代的延续，万寿寺已经成为一座富于宫苑装饰格调的皇家寺院。

建梵刹江山永固

明万历初年，辅佐少年天子的权力核心是笃信佛教的皇帝生母慈圣宣文皇太后李氏、司礼监太监冯保和内阁首辅张居正。他们也正是兴建万寿寺的关键人物……

先皇夙愿贮藏经典
祈祝幼帝巩固江山

万历五年（1577），万历皇帝到了亲政的年纪，李太后想通过兴办佛事树立儿子朱翊钧的天子形象，保佑皇朝世代永昌，同时也可完成先帝修葺汉经厂的遗愿，因此李太后以收藏汉经厂经书的名义令司礼监太监冯保在郊外选址、督建寺院。

冯保奉太后旨意后，选择了位于长河（时称玉河）广源闸上游，紧邻延庆寺（建于明正德年间）的原唐代聚瑟寺旧址为建寺地点，这里风景秀丽，水质清澈，氛围祥和，很是符合李太后的心意。由于建寺的起因是追念先皇的善意，因此李太后带头出资，没有动用国库资财，又有皇族贵戚响应捐款，寺院历时 15 个月顺利建成，明神宗不仅赐名“护国万寿寺”，并命张居正撰文勒碑以记此盛事，而且几年后自己的替身僧在承恩寺圆寂，遂在万寿寺另选了一名年龄相仿的僧人做替身。

张居正在碑文中以赞美之词记述了寺院兴建的过程，还表达了对万历皇帝的激赏和期望。由于万寿寺的修建没有动用国库资财，还可以保国佑民，因而功德无量。在敕建碑文中记载了寺内的建筑：“中为大延寿殿五楹，旁列罗汉殿各九楹，前为钟鼓楼、天王殿，后为藏经阁、高广如殿，左右为韦驮、达摩殿各三楹。修檐交属，方丈庖湢具列。又后为石山，山之上为观音像，下为禅堂、文殊、普贤殿。山前为池三，后为亭池各一。最后果园一顷，标以杂树，琪株璓果，旁启外环，以护寺地四顷有奇。”碑文刻好后立在了大延寿殿前，惜碑早已不存，而碑文存于他的文集《张太岳文集》中。明代还有诸多野史札记记载了万寿寺的兴建，其中不乏赞叹之辞：“璇宫琼宇，极其闳丽”，“丹楼绀宇，几与大内等”。

《敕建万寿寺碑文》录文

初，禁垣艮隅有番汉二经厂，其来久矣。庄皇帝尝诏重修，以祝釐延贶，厥功未就。今上践祚之五年，圣母慈圣宣文皇太后谕上若曰：创一寺以藏经梵修，成先帝遗意。上若曰：朕时佩节用之训，事非益民者弗举，惟是皇考祈祐之地，又重之以圣母追念荐福慈意，然不可以烦有司。乃出帑储若干缗。潞王、公主暨诸宫御中贵亦佐若干缗，命司礼监太监冯保等卜地于西直门外七里许、广源闸之西，特建梵刹，为尊藏汉经香火院。中为大延寿殿五楹，旁列罗汉殿各九楹，前为钟鼓楼、天王殿，后为藏经阁、高广如殿，左右为韦驮、达摩殿各三楹。修檐交属，方丈庖湢具列。又后为石山，山之上为观音像，下为禅堂、文殊、普贤殿。山前为池三，后为亭池各一。最后果园一顷，标以杂树，琪株璓果，旁启外环，以护寺地四顷有奇。法轮妙启，龙像庄严，丹垩藻绘，争辉竞爽。工始于万历五年三月，竣于明年六月。以内臣张进等主寺事。上赐之名曰万寿而诏臣为之记。臣闻古之圣王，建皇极以临区宇。敛时五福，其一曰寿，而臣子祝颂其君，亦曰“报以介福，万寿无疆”，曰“于万斯年，受天

0 0 1

慈圣皇太后画像

李太后，万历皇帝的生母，顺天府漷县（今天的北京通州永乐店）人。隆庆元年（1567）她被册封为贵妃，在隆庆二年，朱翊钧被立为皇太子。四年后，朱载垕病逝，十岁的皇太子朱翊钧继位，尊母后为慈圣皇太后。慈圣皇太后一生崇佛，自诩为九莲菩萨转世，虽身居深宫，但在京师内外修建了海会寺、承恩寺、慈寿寺、万寿寺、长椿寺等二十多座寺院。

0 0 2

明神宗朱翊钧画像

明神宗朱翊钧，隆庆二年 (1568) 被立为皇太子。隆庆六年即位，时年十岁，年号万历。1572—1620 年在位，是明朝诸帝中在位最久者。卒葬定陵。

0 0 3

张居正画像

之祐”。是人君以德致福，无先于寿，而为之臣民者，思以仰酬洪造，发纾忱悃，舍颂祝之外，盖亦无以也。我皇上聪明天启，图治妙龄，恢皇纲，接帝统，广至治于无疆，锡嘉祉于群臣百姓者，不啻沦肌而浃髓矣。薄海内外，日所出入，含生之伦，莫不翘首延睇，仰而颂曰：天子作民父母，为天下王，其庶几万年有国，以福我蒸黎乎？夫林茂而鸟悦，渊深而鱼乐。鱼鸟之情，何期于林渊哉？所寄在焉。故凡亿兆之命，悬于一人，天子明圣，则生人禔福。故亿兆之情，莫不愿人主之寿者，斯亦鱼鸟之愿归于茂林深渊也。然则兹宇之建设，虽役民生之力，用天下之财，而可以祝圣母万寿者，臣民犹将乐趋焉。况役不民劳，费不公取，用以保国乂民，功德无量。为臣子者，其踊跃而赞颂之，讵能已耶？谨拜手稽首，恭纪其事，而系之以词曰：惟君建极，敛福锡民。民有疾苦，如在其身。巍巍大雄，转轮弘教。毗卢光明，大千仰照。佛力浩衍，君亦如然。其以悲智，济彼颠连。琅函贝叶，藏之天府。以翊皇度，自我列祖。沿及我皇，绍成先绪。表此胜因，共跻极乐。祗奉慈命，复轸民瘼，毋烦将作。乃发帑储，鸠工庀财。龙宫蔚起，鹫域弘开。翼翼峨峨，有截其所。仰侔神造，俯瞰净土。凡斯巨丽，前武之绳。聿追来孝，旋观厥成。景命有仆，永锡纯嘏。既相烈考，亦佑文母。保兹天子，亿万斯年。本支百世，蛰蛰绵绵。

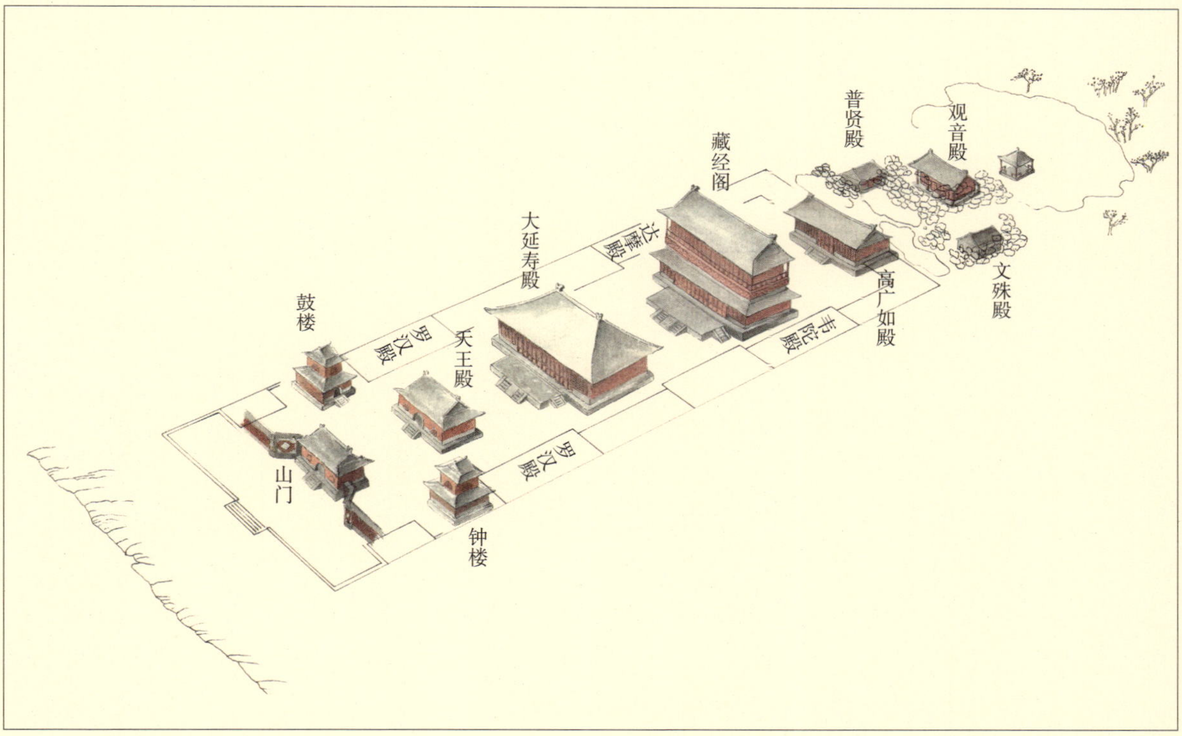

004

创建护国万寿寺时建筑示意图

《帝京景物略》载：“慈圣宣文皇太后所立万寿寺，在西直门外七里，广源闸之西。万历五年时，物力有余，民已悦豫，太监冯保奉命大作。……方丈后，辇石出土为山，所取土处，为三池。山上三大士殿各一，三池共一亭。僧云：万历十六年，上幸寺，尚食此亭也。山后圃百亩，圃蔬弥望，种莳采掇，晨数十僧。寺成，赐名万寿。”

煌煌净土建制规整
园林景观融入山野

万寿寺创建时占地五百五十亩，前部佛院体量规整，殿宇庄严；寺后建筑构成园林景观，挖池取土，辇石成山，山上建观音、文殊、普贤三大士殿，池上建有一亭；寺院后部有果园及白地百亩。后来又通过购买附近村民庄房、果园，共置地四百二十亩，房屋地产收入用以保障寺院开销。

0 0 5

《都畿水利图卷》(局部)

清，弘旿绘。此图展示了长河沿线秀丽的郊野风光，以及五塔寺、白石桥、广源闸、万寿寺的位置关系。

永乐大钟移来寺内
兴建药房普济众生

万历三十五年（1607）汉经厂内永乐大钟（华严钟）移至万寿寺，由于体量庞大，又在万寿寺院东路建钟楼以供安置。每天“声闻数十里”。随后，逐渐兴建了药王殿、药房，不仅为宫廷御用，也时常救济百姓。

万寿寺是皇家寺院，平日不对百姓开放。然而，每逢四月初八佛祖诞辰日，从四月初一至十五，长河沿线的浴佛集会达到高潮，百姓可以入寺礼佛祈寿，庙会每天吸引上万京城善男信女。人间最美四月天，长河两岸风景如画，赏柳踏春风行一时。

礼佛、观钟、游览万寿寺更是文人墨客津津乐道的佳话，留下了诸多文辞歌赋，如沈孟《万寿寺文皇御钟》，赞叹华严钟“钟乎一起鸣盛时，若有修者闻而思。不然声海八十一，近在城西人不知。”樊良枢《万寿寺观华严钟》:“香阁慈云卷万峰，秋声演梵发华钟。鲸鱼击水霜前应，雊雉依林日未舂。不向景阳空黛色，却随清漏湿芙蓉。无边海藏华严字，蝌蚪灵文拟是龙。”

天启年间，天下大乱朝廷不安。因听信京西白虎方不宜鸣钟声的传言，朝廷下令将华严钟楼拆除，大钟卧地。从此以后，万寿寺不再传出巨钟的鸣响。

0 0 6

华严钟

明永乐年间铸造的巨型铜钟——华严钟，今俗称永乐大钟，由少师姚广孝监造，有钟王的美誉。通高 6.75 米，外径 3.3 米，重 46.5 吨。钟身内外铸满 17 种佛教经咒，有 22 万余字，相传是沈度书写。钟声洪亮浑厚，传声远达十里，是明代冶炼技术的巅峰，堪称伟大的作品。现藏于北京大钟寺古钟艺术博物馆。

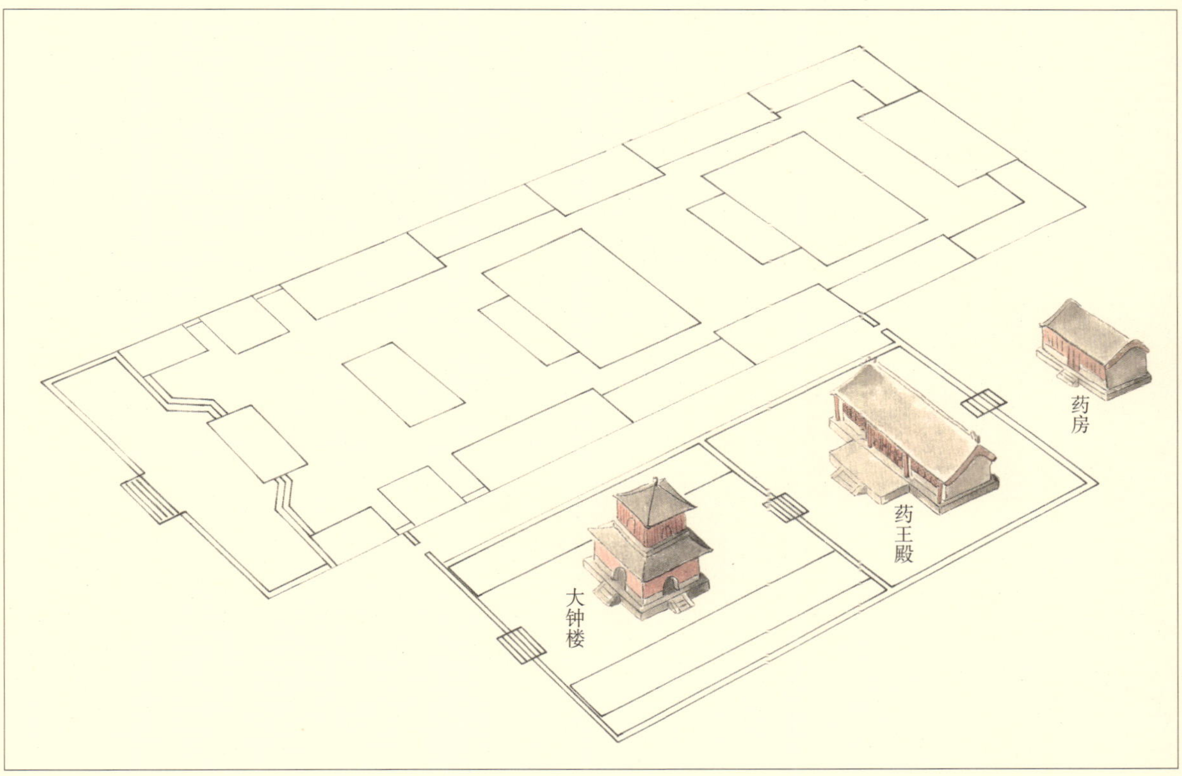

0 0 7

明末万寿寺东路自南向北分布大钟楼、药王殿、药房

增殿阁帝后庆寿

同京城保存至今的其他皇家建筑、园林一样，清代历朝帝王不仅持续翻建、扩建万寿寺里的殿堂楼阁，还要在此不断举办寿典颂祝、创作诗词歌赋。从清早期顺治皇帝御赐「敕建护国万寿寺」门额、康熙皇帝为庆寿扩建西路行宫、雍正皇帝为大雄宝殿题写「慧日长辉」匾额，到清中期乾隆皇帝为皇太后举办六十、七十、八十寿典而增建中西合璧的巴洛克风格西洋门等诸多景观，直至清末光绪皇帝为庆祝慈禧太后六十寿典而大修殿宇彩画、添建御碑亭……皇帝、皇太后们的垂青扩建，终于使万寿寺成为有清一代各朝帝王共同完成的建筑艺术作品。

顺治皇帝御赐寺名
寺院得到清廷庇佑

顺治元年（1644）四月清军入关，十月定都北京，开启了对全中国的统治。对于刚刚进驻紫禁城的清廷来说，“护国万寿寺”实在是最为讨喜的寺名，次年顺治帝便御赐万寿寺“敕建护国万寿寺”新的匾额，落款为“大清顺治二年岁次乙酉季夏立”。于是这座特殊的前代皇家寺院，开启了为清王朝护驾的使命，依旧享有皇家寺院的待遇。但是顺治十六年，寺院大部分配殿连廊因火灾而焚毁。

008

万寿寺中路

009

万寿寺山门匾额

长 214 厘米，宽 64 厘米；匾心长 178 厘米，宽 30 厘米。由整块青白石仿木匾额样雕刻，石青色蓝底，边框彩绘降魔纹，中间楷书“敕建护国万寿寺”七个大字，阳文浮雕贴金，落款阴刻“大清顺治二年岁次乙酉季夏立”。

010

石匾落款

康熙皇帝扩建寺院
皇家行宫初见规模

康熙十七年（1678）万寿寺住持圆亮法师（北京沙河人）发起修复寺院的倡议，首先用寺院香火之资在寺院东路重新建起了药王殿、药房，随后为了表达对佛祖的敬意和虔诚，还在东路药王殿之后兴建一座毗卢殿，作为东路的正殿。这座殿共有五楹。三年后，康熙二十年，又于毗卢殿两侧修建了配殿。可惜华严钟（永乐大钟）仍然没有悬挂起来。

康熙二十五年营建畅春园时，由于万寿寺位于皇宫与畅春园之间，且又位于水陆交汇点，是驻跸的上佳地址。于是康熙皇帝下令扩建万寿寺，将寺内所有建筑尤其是一些被焚毁的配殿彻底翻修并全部改用清官式规制，不仅修复了大延寿殿的三世佛像，还将配殿内的十八罗汉移进正殿，又在佛像后增立自在观音菩萨像；而且在中路添建了地藏宫、无量寿佛殿、万佛阁（俗称万佛楼）以及配殿和长廊等一批建筑；对假山后的水池进行了填埋，拆除了假山亭榭，又在假山后对称增种两株银杏树。这样万寿寺后部具有山林野趣的园囿彻底改换成相对封闭且规矩对称的建筑群，万寿寺的院落由此成为七进。寺院东路北端增建了方丈院，在寺院西路增建行宫院落。至此，万寿寺东、中、西三路建筑格局成形，寺院的规模比明代时增加了一倍。

康熙五十二年（1713），为了庆祝康熙皇帝六旬万寿，从畅春园至紫禁城神武门之间的道路两侧，布设了许多庆寿景点，以供康熙帝在返回皇宫的途中观赏。万寿寺更是举办这次万寿盛典的重要佛事活动场所。粉饰一新的万寿寺在万寿节期间迎来上千名僧众，举办了盛大的千佛道场，庆祝皇帝万寿节日。翰林院派遣官员率领浙江进京参加祝寿活动的耆老三百余人也参与了寺院的佛事活动。从此，万寿寺开始作为清代皇室的主要祝寿佛事场所。

011

无量寿佛殿

康熙二十五年（1686）在假山后增建。重檐歇山顶，殿内藻井中绘有九龙吐水图。原供奉无量寿佛漆金铜站像一尊，今无存。现从原宣武区移置明代天启年间所铸渗金多宝铜佛塔一座，塔身有佛、菩萨、罗汉、诸天等四百余尊雕像，造型生动，铸造工艺精湛。

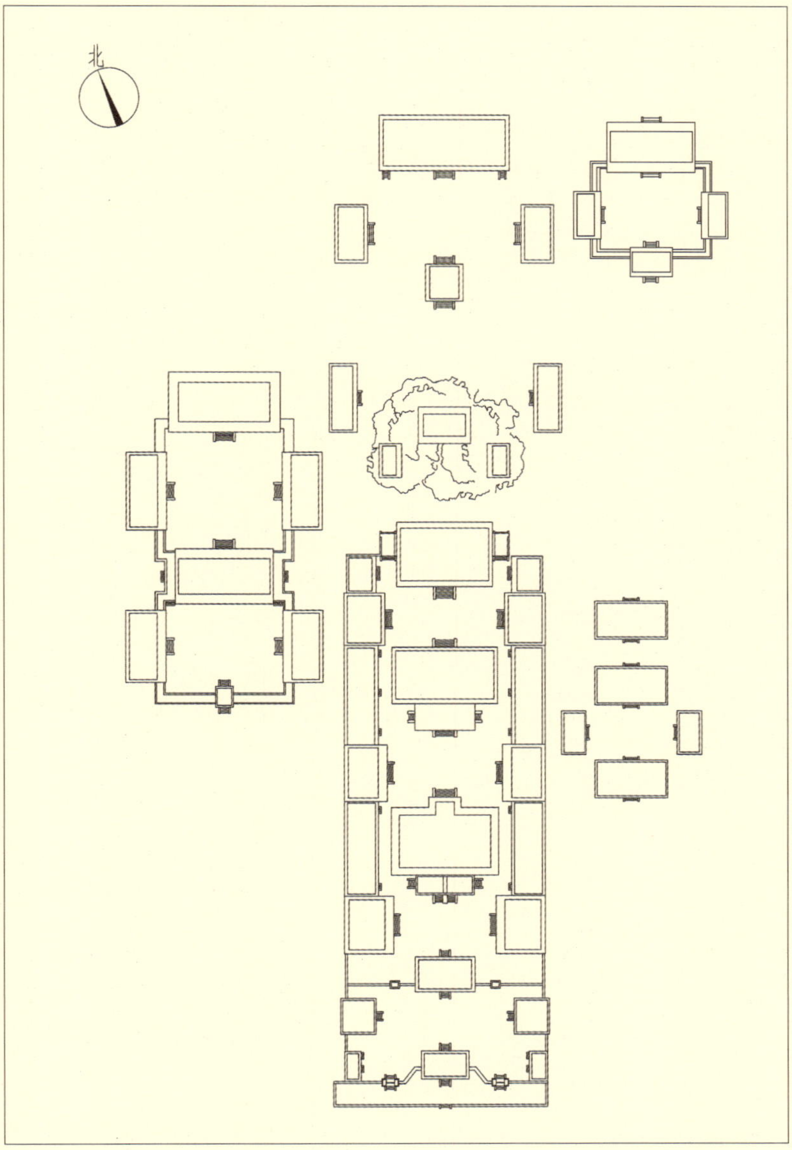

012

万寿寺在康熙二十五年修葺后建筑示意图

0 1 3

重修药王殿记碑

康熙三十七年（1698），书法家曹曰瑛（1662—1722）撰写了《重修药王殿记》碑文，镌刻于石。碑文中记述了曹曰瑛一行出京城至长河一线时所看到的自然风景，以及进入万寿寺后对寺内景观的赞叹和描述。如其中描述寺内的罗汉松已大可数人合抱，华严钟依然卧于钟楼遗址上，寺后青荫数亩等。最后讲述了圆亮和他师父在寺内的善举，为之树碑立传。此碑立于鼓楼南侧。

0 1 4

观音像

康熙二十五年（1686）在大雄宝殿后扩建抱厦，安置倒座观音像。

0 1 5

石栏板（残）

栏板为青白石质地，双面刻缠枝宝相花，2020 年在万寿寺考古工地出土，是一件极为精美的建筑构件。

0 1 6

康熙皇帝六旬万寿图卷

（局部）

天衢耀彩
萬壽無疆

雍正皇帝御题匾额 永乐大钟移出万寿寺

雍正十一年（1733）的春天，皇帝为万寿寺大延寿殿御题“慧日长辉”匾额，又下令选择吉日将东路卧地的华严钟悬挂起来。臣僚们却认为大钟在城北修建的觉生寺里悬挂更合适，此事获得了皇帝御准。但是移钟需选择大吉之日，经钦天监测算，这个吉日是十年之后的冬天。于是在乾隆八年（1743）冬季，迁移华严钟的吉日终于到来了。虽然大钟迁移不是易事，但比起当年大钟从汉经厂迁移至万寿寺，此次迁移的路途近很多。据说，在迁移沿途，每隔一里打一口井，取水泼地，待路面结冰后，由牛群以滚杠在冰上拉动巨钟。华严钟迁移至觉生寺后，先悬挂安置，然后修建了大钟楼。

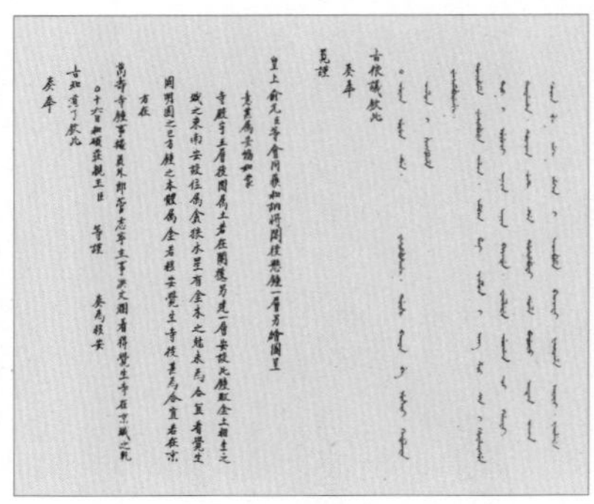

018

移钟奏折

019

永乐大钟搬迁示意图

020

修建觉生寺大钟楼示意图

崇庆皇太后三次寿典 苏州街、万寿寺庙会、紫竹禅院相得益彰

乾隆皇帝的生母崇庆皇太后常年居住在畅春园，皇帝经常要去畅春园探望问安，长河便是行船的御用之道。每当龙舟来到万寿寺门前，乾隆若有空闲或者兴致，就会离船上岸，进

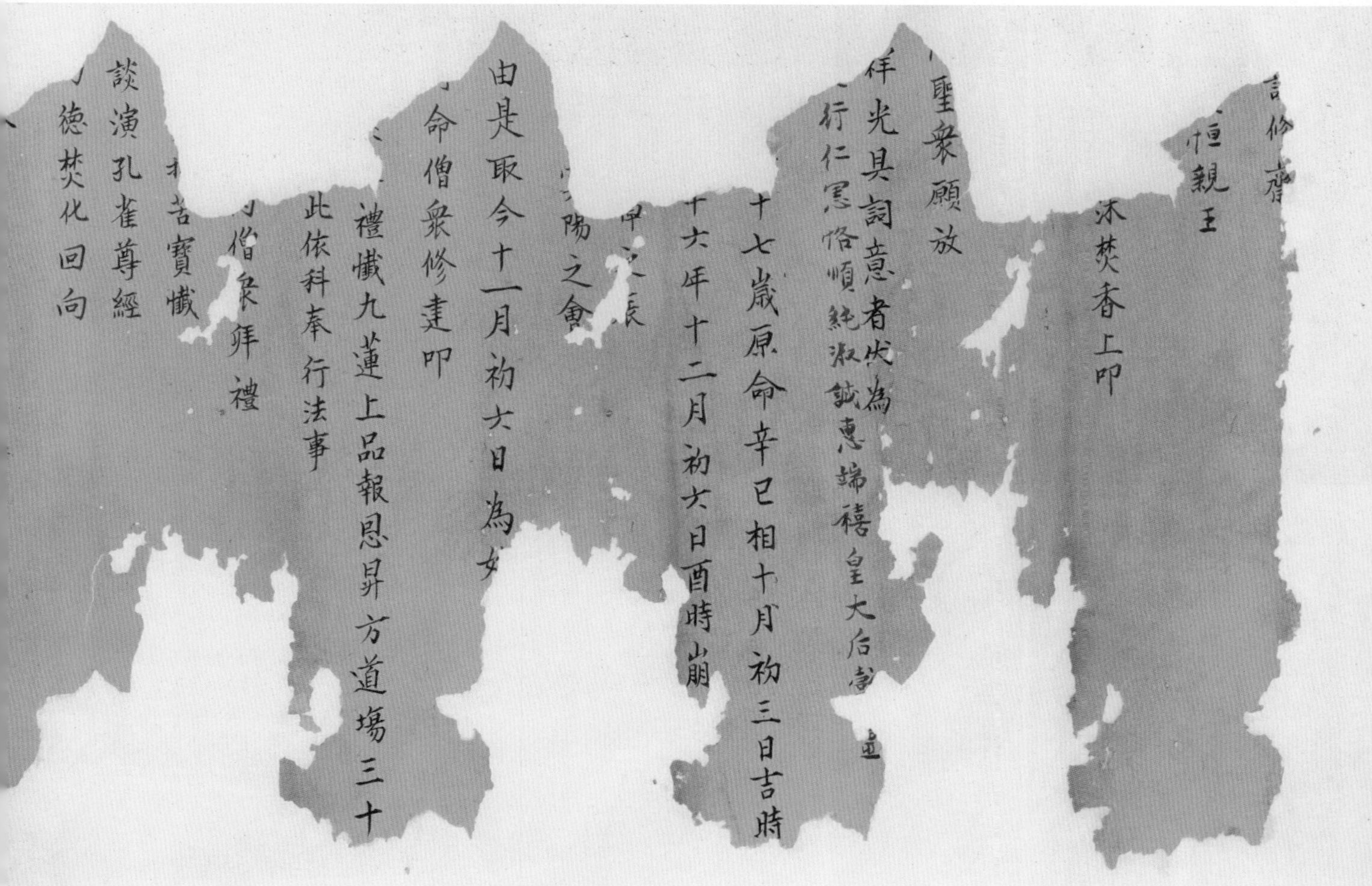

恒親王
沐焚香上叩
聖衆願放
行仁寬恪順純淑誠惠端禧皇太后
十七歲原命辛巳相十月初三日吉時
十六年十二月初六日酉時崩
陽之會
由是取今十一月初六日為
命僧衆修建叩
禮懺九蓮上品報恩昇方道場三十
此依科奉行法事
僧衆拜禮
苦寶懺
談演孔雀尊經
德焚化回向

017

清康熙五十七年恒亲王祭文（残）

祭文原件边缘有火焚留下的痕迹，文字残缺不全。经过残留字迹的识读，可知其为康熙五子恒亲王（1679—1732）给顺治帝孝惠章皇后的祭文。此件于2021年在大雄宝殿三世佛像背后发现。孝惠章皇后生于崇德六年（1641）十月初三，康熙五十六年（1717）十二月初六酉时崩，是顺治帝的第二任皇后，孝庄皇太后的侄孙女。

入万寿寺内礼佛。他甚至还喜欢去方丈处小憩，与寺院僧人问候聊天品茶写诗。乾隆前后一共题写万寿寺的诗有46首之多。这些诗有的是描写万寿寺景色的，有的则是抒发内心思母之情的，还有的是专门写给万寿寺僧人的。

乾隆十六年（1751），崇庆皇太后六十寿辰。宫廷内外举办隆重的庆寿典礼。规模宏大的庆祝活动，自万寿山昆明湖至紫禁城内寿安宫，沿途布置了诸多庆寿景点，绵延20余里，以供天下臣民观瞻，极为精美壮观。万寿寺作为举行佛事庆典的庆寿场所，提前数月进行修缮，不仅维修了殿宇二百一十五间、见新了佛像，还扩建了西路行宫、备膳房和东路僧宅。工程投入银钱近四万两，竣工后乾隆皇帝撰写了《敕修万寿寺碑记》，由大学士梁诗正书丹，石碑两尊，分别用汉满、蒙藏各两种文体镌刻于碑体阳面，分立于万寿寺大雄宝殿月台前。

此次大修，乾隆皇帝亲自给各个殿堂赐匾题联（惜今均已无存）：天王殿前首匾额为“行住坐卧”，后首匾额“功德无边”。大雄宝殿内题楹联：“戒慧光中烟云皆般若，清凉界外花石尽真如”。大雄宝殿东配殿匾额“祝延万寿”。大雄宝殿西配殿匾额“安心竟”。改藏经楼（宁安阁）为万寿阁，赐匾额为“欢喜坚固”。万寿阁东配殿匾额“广大圆满”。万寿阁西配殿匾额“普度群生”。观音殿匾额“声闻普遍”。万佛楼三圣殿匾额“法云常住”（自大雄宝殿移来）。万佛楼三圣殿内题楹联二副：殿柱北面为“甘露洒诸天现清净身说平等法，慈航超彼岸以自在力显大神

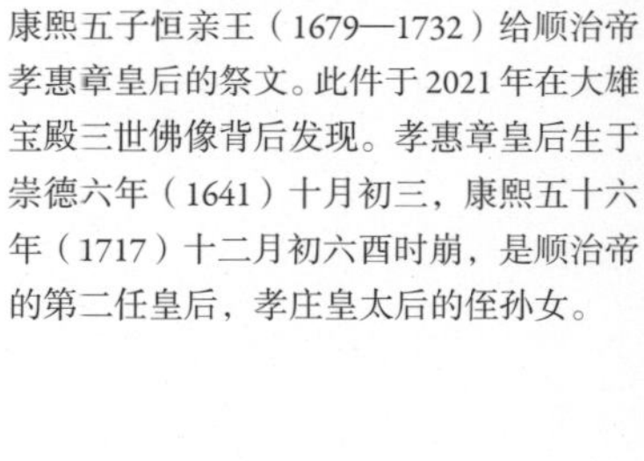

021

乾隆十九年（1754）二月，乾隆帝走进万寿寺方丈室休息，品尝寺院斋饭茶点后，即兴吟诗一首：“路便访云林，禅房静复深。讲筵下驯鸽，春树有鸣禽。席展今来座，题看昨岁吟。偶尝香积味，益切已饥心。”

0 2 2

“唯信可入”石匾额

清乾隆五十一年（1786）四月立，长 100 厘米，宽 32 厘米，厚 15 厘米；该匾额汉白玉质地，2020 年 8 月在方丈院外西北角出土。四框雕莲瓣纹，匾心减地平钑从右至左刻“唯信可入”四字，上款“乾隆丙午四月”，落款“住持常济立”。

0 2 3

崇庆皇太后画像

福寿双全的崇庆皇太后钮祜禄氏，乾隆皇帝的生母，享寿 86 岁，是一位长寿的皇太后。她的生辰在十一月二十五日，是为举国欢庆的“圣寿节”。每逢该日朝廷必要举行庆贺典礼，特别在她六十、七十、八十整寿时，庆典活动最为盛况空前。

通”；殿柱南面“性海波澄静涵功德水，福林荫溥妙涌吉祥云”。东路方丈室匾额“栖情物外”。方丈室内楹联“爽气挹冲襟翠连空色，明漪淡尘虑影借光天”。

崇庆皇太后生日前一天，乾隆皇帝与皇太后一道

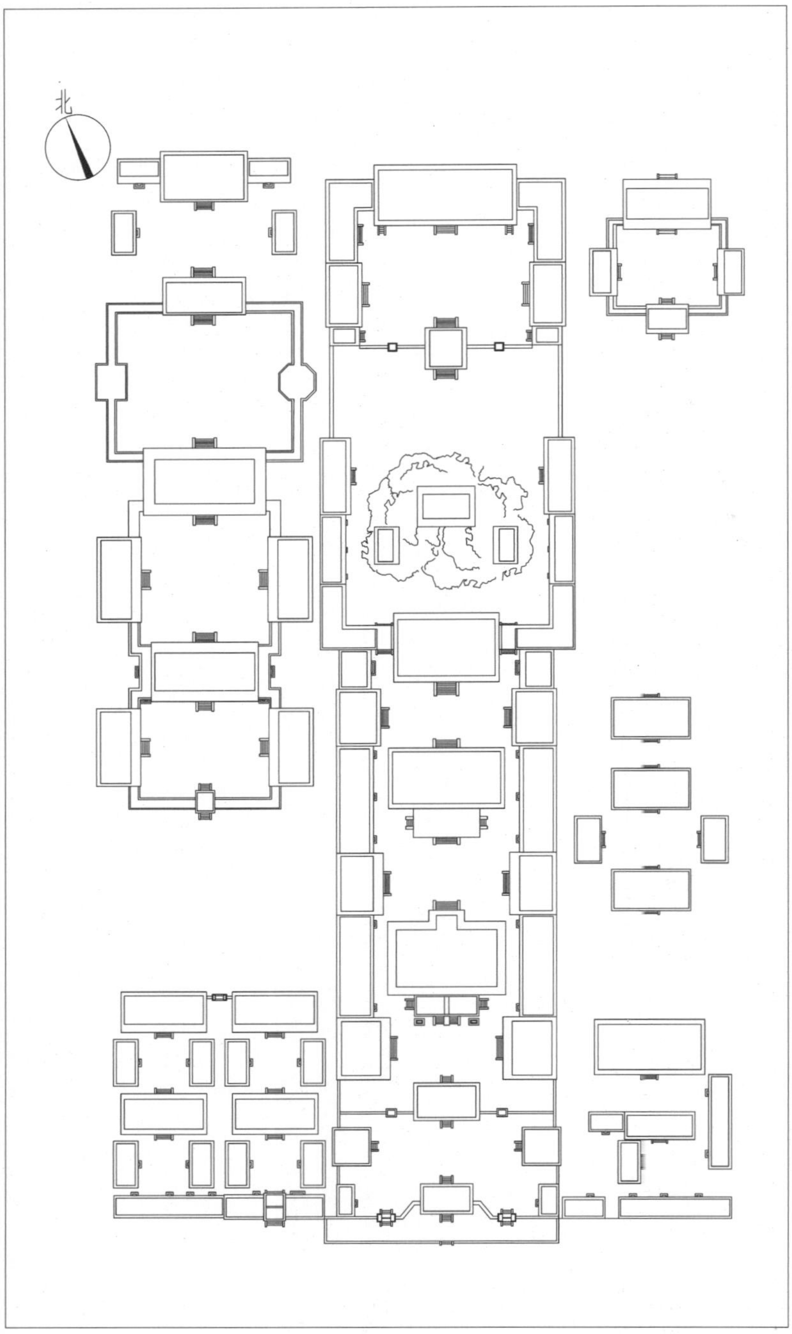

0　2　4

民国女子照片

从照片中依稀可见万寿阁“欢喜坚固”匾额，以及万寿阁月台的汉白玉栏杆。

0　2　5

乾隆十六年修缮后万寿寺建筑示意图

修缮后的万寿寺，在中路无量寿佛殿两侧新建了中西合璧式院墙和院门。在西路南端，按田字形添置了寿茶房、寿膳房共四个四合院，以备寿典时御用茶膳之需；其后的行殿也扩建成前殿五间、后殿五间的四进院落。由于庆典时须有众多僧人举办法会，在寺院东路清除了已经废弃的华严钟楼遗址，拆除了药王殿，南端改建了十方院，包括大斋堂、厨房、库房和十方堂等建筑，便于僧人吃饭和日常行卧活动。对东路后端的方丈院也进行了改建。

0 2 6

大雄宝殿东配殿匾额“祝延万寿”

0 2 7

大雄宝殿西配殿匾额“安心竟”

返回宫中。隆冬季节，长河冰面上乾隆皇帝陪母后坐着装饰华丽的冰床来到万寿寺码头，寺院外千名僧人在对岸诵经台诵经，声如潮涌。乾隆皇帝与母后下了冰床，登上码头，进入万寿寺内，礼佛烧香后到万寿阁内休息片刻。这时寿茶寿膳房的太监们供上茶膳。之后，一行人又登上冰床继续回宫的路途。

乾隆二十六年（1761），崇庆皇太后七十寿辰。为了举行佛事庆典，万寿寺再次获得修葺。

西路增加和改建了整组行宫院落：院前正首建垂花门，两侧用长廊连接起殿堂和配房，前正殿名“乐康殿”，五楹，东配殿是“昭景斋”，西配殿是“来鹤轩”；正殿五楹，称“履绥殿”，东配殿称“燕喜斋”，西配殿称“景云轩”。垂花门前增建一排南房，在南房两侧开穿堂门，并连接转角房形成了一个庭院；南房与垂花门之间设有木影壁；出穿堂门向南是寿茶寿膳院。在行宫正殿之后，有后照楼为两层楼阁式，下层为穿堂，上层为书楼；书楼两侧以爬山游廊十进与行宫院长廊连接，游廊下有太湖石堆砌，使后照楼、爬山廊形成一体，游廊外侧廊壁开有什锦透花窗，游廊中部建有亭台，西为四方亭，东为八角亭。人行在游廊上可以通过什锦花窗远眺西山和玉峰塔。从后照楼下穿堂向后，

0 2 8

《崇庆皇太后六旬万寿图》第二卷“川至迎长”

（局部）

崇庆皇太后的生日在阴历十一月二十五日。这个日子正值深冬时节，万寿寺前的长河早已结冰。崇庆皇太后常年居住于畅春园，适逢寿辰这样的庆典日，她是要回到皇宫里举行仪式活动。为了增加喜庆气氛，乾隆帝下令在回宫的沿途布置具有庆典氛围的装饰。万寿寺在这段路途中实际上是第一个重要的活动场所，因此在这里要举办盛大的佛事庆典活动。届时，呈现千名僧人聚集在万寿寺前诵经的盛大场面。万寿寺建筑也被装饰一新，绣幢宝铎，金碧辉煌，彩灯高悬，充满节日气氛。

029

太后乘坐的冰床

030

官员们有的乘坐冰车跟随太后

031

一些有轿箱的冰床

032

皇太后的仪仗行至万寿寺时，可见到万寿寺山门、钟楼、高挑的经幡，以及河对岸的戏台

建有大悲坛院，大悲坛内供观音菩萨，这是特为皇太后精心准备的，因为皇帝的母亲特别喜拜南海观音。

东路在大斋堂院后增建法堂院，由南房、法堂和药师坛两组四合院组成；法堂为僧人日常功课场所，药师坛则是专门举办消灾祛病法会的场所。

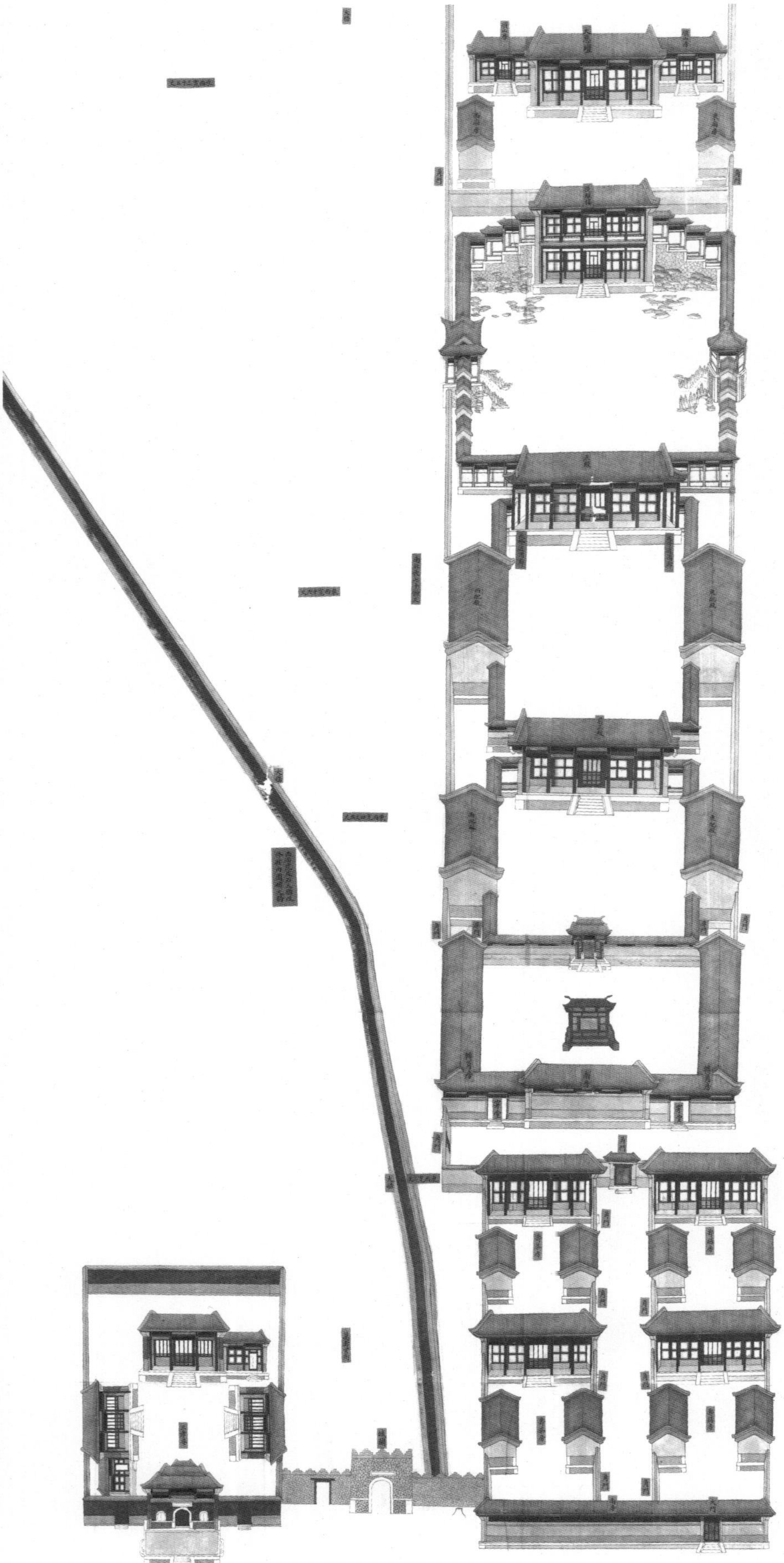

033

万寿寺西路建筑示意图

034

虚空同体匾

此匾为乾隆二十六年（1761）为庆祝皇太后七十寿辰，万寿寺东路药师坊院修葺后，由乾隆皇帝御赐。

寺院重修工程结束，乾隆皇帝为新添建的殿堂赐匾题联。据《日下旧闻考》载，西路行殿内西间楹联为："春物薰馨含慧业，名禽宛转入闻思。"东间楹联为："于淡泊中寻理趣，不空色际忘言诠。"又有一楹联为："树色溪光成静赏，花香鸟语绝尘缘。"后照楼宇下穿堂楹联为："花宫具见严而妙，别室还饶清且嘉。"楼上书室楹联为："欣于所遇何空色，乐在其间足古今。"另有一楹联为："听松真偈演，观水道心存。"东路药师坛院正房匾额为"静思报恩"，前房为"虚空同体"。

至此，万寿寺建筑形成了历史上的最大规模，三路建筑群完整，集寺院、行宫、园林为一体，各路占地 1.1 万余平方米。在建筑群的后面，还为圆寂的高僧建立了塔院和墓地。自清初至清末，共有十位高僧圆寂后在寺中有塔。惜今已无存。

035

御制重修万寿寺碑

在中路无量寿佛殿前，新添建一座八角攒尖顶碑亭，这是万寿寺里出现的第一座黄琉璃瓦建筑。碑亭内御碑为螭首龟趺石座，汉白玉地墁雕有寿山福海纹饰。碑亭藻井上绘有五蝠捧寿彩画。

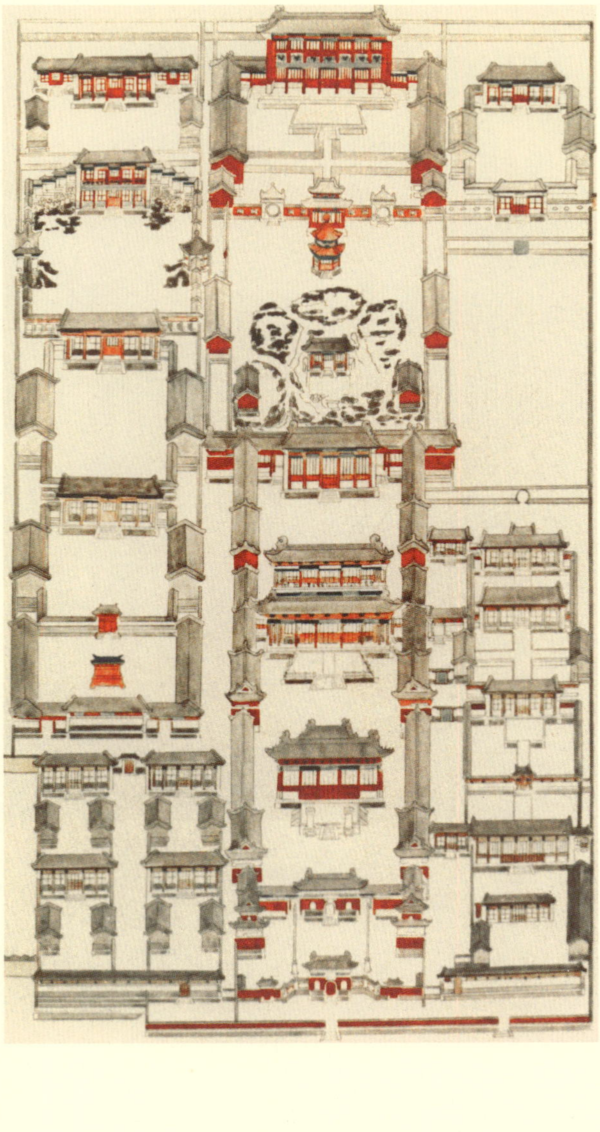

036

万寿寺在乾隆二十六年修葺后的规制图

（样式雷）

0 3 7

《胪欢荟景图》册中的

《香林千衲图》

图中描绘了乾隆二十六年（1761），千名僧侣和众多官员在万寿寺为乾隆帝母亲崇庆皇太后诵经庆贺70岁生日的场景。一千名来自各方寺院的高僧聚集在唱经台两侧诵经，举行千佛道场。寺院门前、长河北岸都聚集着各色官员。僧众和官员准备迎接崇庆皇太后的情景，被宫廷画师描绘下来，名为《香林千衲图》。

香林千衲

乾隆三十六年（1771），崇庆皇太后八十大寿。时近冬日，崇庆皇太后闲住在皇宫内慈宁宫。到了寿典日，乾隆皇帝率王公大臣到慈宁宫为崇庆皇太后祝寿。仪礼结束，乾隆皇帝陪崇庆皇太后专程到万寿寺拈香礼佛，照例举办千佛道场，隆重的仪式与豪华的规模丝毫未减。

苏州街的建设是崇庆皇太后七旬寿庆的一个创新项目，因为皇太后喜爱江南风光，但由于年迈不宜再南下远游，于是在万寿寺西边，通往畅春园长达数里的道路沿街，建造了江南风格的各色店铺和作坊，还特地从江南移来商贾在其内经营，从而使这条街道原汁原味地呈现一派吴门市井气氛。帝后銮舆往返在畅春园与万寿寺之间的路上，恍若穿行在江南姑苏。这条御道因此得名苏州街。

嘉庆二十四年（1819），逢嘉庆皇帝六十寿辰，朝廷按照先例举行了庆寿大典，在万寿寺仍设千佛道场，规模不减。但此后皇家在万寿寺的活动逐渐减少。相形之下放宽了对万寿寺作为皇家禁地的许多限制。每逢浴佛节期间（农历的四月初一到十五日）万寿寺开庙半个月，苏州街每至庙会之期也开放，南方

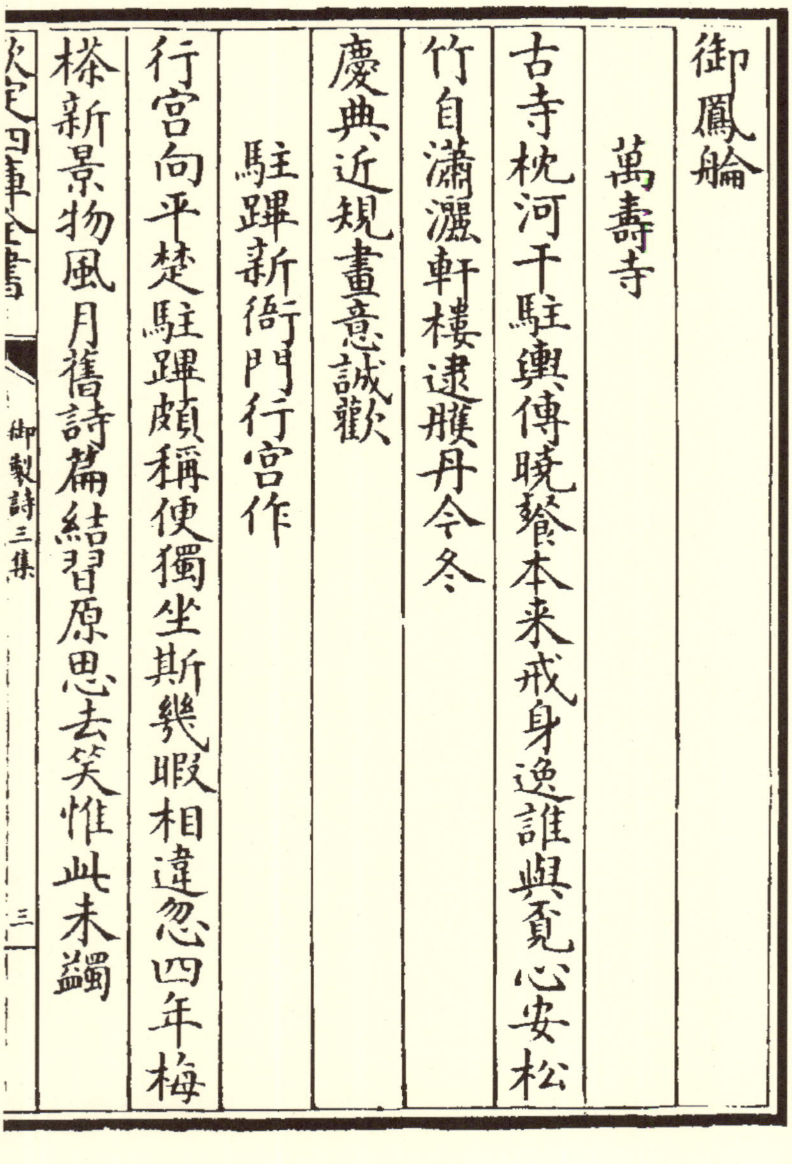

钦定四库全书

御鳳輪

萬壽寺

古寺枕河干駐輿傳曉餐本來戒身逸誰與覓心安松竹自瀟灑軒樓逮朣丹今冬慶典近規畫意誠歡

駐蹕新衙門行宮作

行宮向平楚駐蹕頗稱便獨坐斯幾暇相違忽四年梅棇新景物風月舊詩篇結習原思去笑惟此未蠲

御製詩三集

三

0 3 8

《香林千衲图》中宫廷人员正在寺前清扫场地以及其他准备工作；僧众们则云集于长河南岸，人头攒动，身披紫色或红色袈裟；唱经台内的高僧们正在和官员寒暄、磋商；万寿寺建筑粉饰一新，幡旗高悬，张灯结彩，呈现着节日的喜庆气氛。

0 3 9

《钦定四库全书·御制诗三集·万寿寺》诗

乾隆在当年的三月路过万寿寺时即表达了孝子的心境，《万寿寺》诗："古寺枕河干，驻舆传晓餐。本来戒身逸，谁与觅心安。松竹自潇洒，轩楼逮朣丹。今冬庆典近，规画意诚欢。"

的商贾带来江南特色商品，自然对京城游客有极大吸引，因此十分繁盛。这也带动万寿寺的民间庙会更大的发展，寺院外临时搭建茶棚、小吃摊、玩具摊等，热闹非常。庙会传统一直延续到清末，民国初年才消失。

咸丰十年（1860）英法联军劫掠圆明园，万寿寺行宫一度成为清廷留守官员处理外事的场所，虽然行宫中的陈设由于看管凌乱而缺失，但万寿寺建筑群总算逃过一劫，苏州街则被焚毁，再也没有修复。

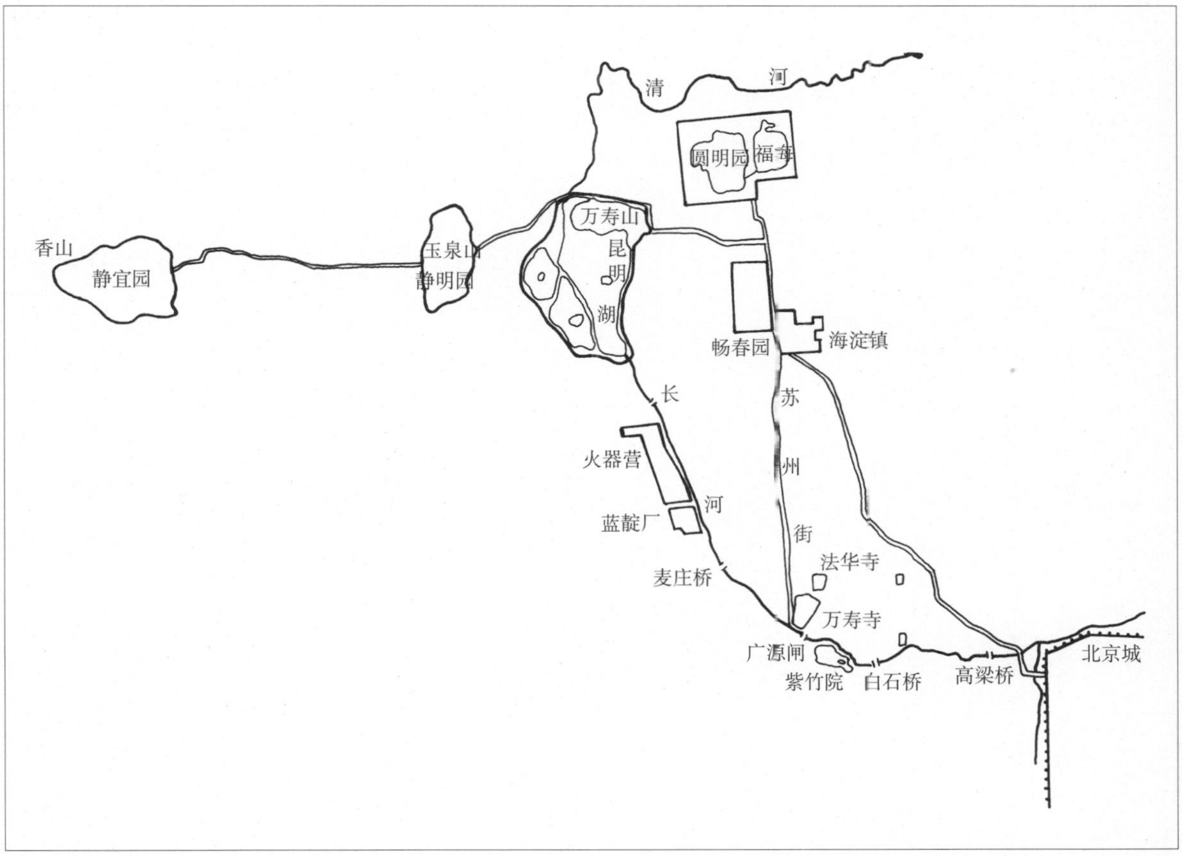

040

畅春园、苏州街、万寿寺、紫竹院行宫、京城位置关系示意图

紫竹禅院位于广源闸东面的长河南岸，同众多万寿寺附近的小刹一样，曾经作为万寿寺的下院，承担举办皇家庆典、法会等重要活动时僧侣食住起居的功用。虽然规模建制远不如万寿寺，但紫竹院门口是长河河道转折而成的一片湖泊水域，可以作为广源闸的别港和水库而满足换船的功能。因此，万寿寺与紫竹院在交通职能上还是上下联系、相互补充的关系。两寺门前即是码头，它们与广源闸共同组成了一个集水陆交汇、自然景观、人文风情三位一体的船只更换枢纽。

041

紫竹道院

光绪八年（1882），万寿寺方丈德果法师鉴于"下院众多，势难兼顾"，将"年久废弛殿宇顷塌"的紫竹禅院奉送给乐善好施的刘素云羽士，由其出资历时三年修缮，后更名为"福荫紫竹道院"。自此，本为万寿寺下院的庙宇转而成为道观。

0 4 2

《崇庆皇太后八旬万寿图》在紫禁城慈宁宫庆寿场景

慈禧皇太后六十寿典
万寿寺再次大修

道光、咸丰以来，国势大衰，万寿寺一直没有再举办皇室祝寿活动。光绪十六年（1890），中路的七进院万佛阁起火焚毁，大火甚至还烧毁掉了院里旧有的七株松树。

由于慈禧皇太后常年居住在颐和园，每每在长河之上乘坐小火轮往来颐和园与皇宫时，万寿寺刚好是休息的处所。据统计，光绪十八年至光绪二十二年，慈禧有五十多次来万寿寺拈香并在万寿寺西路行宫休息，西路行宫的后照楼被改称为慈禧太后梳妆楼。

0　4　3

1891—1894 年清内府如意馆呈光绪皇帝、慈禧太后御览的彩绘本《香山路程图》折页局部，画中描绘了御座宝船在万寿寺山门前停留的场景，以及万寿寺西墙外万寿街御路。

光绪十九年（1893）初，为了在慈禧太后六十大寿时把万寿寺再次作为祝寿场所，对万寿寺再次重修。工程中除对寺院原有建筑全部进行维修装饰外，又修复3年前焚毁的万佛楼，在无量寿佛殿后，立重建万寿寺碑，由户部尚书翁同龢奉旨撰写了重建万寿寺碑文，还以乾隆朝先例，仿建黄琉璃瓦御碑亭一座。在西路大悲坛院新建一个六角井亭。慈禧太后还为西路行宫的正殿履绥殿前题匾额“天祝寿吉”，殿后题额“鸣凤卷阿”，两匾今均已无存。重修工程共耗银二十六万四千余两。

光绪二十年万寿寺在庆典期间搭架彩棚五十五间，彩绸三十八处，并于东、西两路各殿宇楼阁处悬挂各式玻璃彩灯二百四十六只，在万寿寺西路行宫安挂万寿吉语对联以示嘉庆。慈禧太后的生日在十月初十，故十月初六日起达赖喇嘛等人在万寿寺齐集众僧虔诵经典，十月初九，西藏官民在万寿寺演戏庆祝慈禧寿辰。十月初九至十一日期间，寺院住持明乾法师带领四十八位僧人，在万寿寺虔诚俸经颂祝。

慈禧太后对万寿寺的钟爱，尤其是光绪二十年万寿寺的第四次重修，使万寿寺得以在清末乃至民国年间保存了建筑群的整体性。然而，随着清皇室逊位，万寿寺失去了昔日皇家寺院的风采，急速衰败。

044

重建的万佛楼内景

万佛楼的一层是三圣殿，二层千佛阁因壁间嵌有小佛数千而得名，相传慈禧皇太后常在此拈香礼佛。莫理循摄。

045

大修后在万寿寺中轴线上有两座御碑亭

山本赞七郎1899年摄。

0　4　6

重建万寿寺碑

碑文满、汉文，援引慈禧发布的一道懿旨，意思是要以国民生计为念，停止寿典进献活动，并赈济穷苦百姓。但强调万寿寺瞻礼一事则是例外，因为这是先朝留下的成例，她不能改变前人的做法。所以还得把万寿寺整修一新，才可符合体统。

0　4　7

万寿寺西路大悲坛院内建于光绪十九年（1893）初的六角井亭。

自十九世纪中叶以后，清政府陷入内忧外患之中。1860 年英法联军攻入北京城，火烧圆明园，苏州街一并遭到焚掠，万寿寺西路行宫中的珍贵文物也被洗劫一空。随着清王朝的覆灭，万寿寺作为皇家寺院的功能宣告结束。民国时期，政局动荡、战乱四起，寺院房舍被占用，先后被当作战俘营、学校、疗养院、收容所等。1949 年中华人民共和国成立，人民政府对万寿寺僧人给予了关照。1957 年万寿寺的最后一任住持将寺院交付政府部门管理，结束了其作为宗教场所的历史。1958 年至 1976 年间，寺院中除中路正殿以外的各殿中的佛造像被陆续拆毁。在文物管理部门的力争下，万寿寺的主体建筑得以保存。

失庇护命运多舛

民国初期，北洋政府和南京国民政府相继颁布了加强寺庙管理的相关法规条例，要求寺庙办理公益慈善事业。这促使北京城内众多寺庙改建成学校或让出一部分庙产土地用于社会公益。万寿寺失去朝廷的庇护与供养，归属西郊西直门外分署第七派出所管辖，地址为长河广源闸二十六号。万寿寺中僧人靠出租庙产、地产维持经济生活，寺院行宫出租给北洋政府陆军部。在动荡的社会时局下，寺院也不可能是「世外桃源」，经济萧索、殿堂遭毁、剃度出家的人数大幅减少，到一九四九年，万寿寺内僧人仅剩十余人。

一战后远东德奥战俘营

1917年第一次世界大战接近尾声，北洋政府加入协约国对德奥宣战。于是作为战败国的德国和奥匈帝国的在华军人就成了战俘，在北京朗润园和西苑关押。1918—1920年间，战俘们迁到了万寿寺内，万寿寺正式成为“西苑俘虏收容所”。北洋政府极为善待德奥战俘。万寿寺三个大殿和配殿内居住士兵战俘，军官战俘则住到西路慈禧太后的行宫内。寺院前面是负责看守的中国军人宿舍，东路后院住着住持及其他僧人。战俘们住在行宫，吃西餐，打牌、弹琴、洗澡、就医，悠然惬意地享受着“贵族”般的生活。东路600平方米的果蔬地，改成了战俘的足球场和网球场。曾在万寿寺当过战俘的佩克哈默，后来成了摄影师，留下了许多纪实照片和风景佳作。

0 0 1

上世纪初从万佛楼上向南俯拍的万寿寺中路后部建筑。

0 0 2

张挂“西苑俘虏收容所”木牌的万寿寺山门，共有162名奥匈帝国战俘在万寿寺内被收容。

0 0 3

1919年年，荷兰公使贝拉斯在中国官员陪同下探望奥匈帝国战俘。莫里循拍摄。

0 0 4

西路前正殿内的奥匈帝国士兵在打牌。佩克哈默摄。奥匈帝国驻华公使罗斯托恩后来也承认：“我从没遇到一个（在华的）奥地利人叫苦，他们受到了良好的待遇。”

0 0 5

万寿寺大殿成为战俘们的体操馆

0 0 6

三位衣着整洁的军官在万寿寺中路假山观音殿前，战俘们可以在皇家寺院里随意走动不受限制。军械官亚历山大·弗兰克写道：“我们经历的一切多么好、多么美啊！”

0 0 7

在万寿阁前打牌的战俘

一个德国中尉写道：“早点时，厨役送来之鱼、肉、鸡蛋、面包、咖啡等物，亦极洁净而完备，牛乳与糖，则常置于几上，随意畅饮。午餐所备，则较丰之，除肉、菜多样及咖啡、水果外，尚有日本仿造之德国啤酒各一大瓶。下午又给咖啡、点心一次。迨至晚餐时，所有肉菜、水果、咖啡、啤酒等物，亦见周备，惟酒钱须吾辈自给。”

饱受拆毁、偷盗、兵燹

1922年反对封建礼教，拥护革命的教育家邓洁民作为哈尔滨市代表，来北平交涉中东路地亩问题。他随后被东北当局通缉，因此没有返回东北。1923年初，邓洁民在北京创办私立北京国际大学。

1924年北京国际大学从交道口前圆恩寺，迁至万寿寺。在建校过程中发生了万寿寺僧人状告邓洁民拆毁佛像、殿堂以及邓洁民反诉寺僧诋毁名誉的诉讼。1925年5月，邓洁民化名马天民，辗转来到天津，隐居于法租界。由其亲手创办的国际大学，也因无人主持而关门停办。

在这样动荡年代里，万寿寺屡遭拆毁和偷盗，导致寺内的殿宇、佛像、家具陈设、房舍大量被摧毁。从北平特别市社会局登记庙产的档案里以及送达西郊万寿寺的训令里可以窥见一斑。

0 0 8

邓洁民先生（1890—1926）

哈尔滨市六大历史名人之一，曾在哈尔滨创办东华学校，宣传新思想，传播新文化，开展革命活动。东华学校是马列主义传播的重要阵地，也是当时进步人士前往苏俄学习考察的驿站联络点。

北京市档案馆J002-008-00269号档案，民国十九年（1930），由西四北大街瑞兴斋僧衣铺的周永才担保，万寿寺住持真源在北平特别市社会局登记庙产如下：

寺庙登记条款总表

名称及区域地址门牌	万寿寺在西郊第三分署西直门外长河广源闸二十六号
住持姓名或法名及现住、他住	真源、现住本寺
执事僧道人数	
现住他住人数	六名，现住本寺
本庙僧道人数	
现住他住人数	二名，他方游历
寄居僧道人数	八名
本庙面积亩数	八十七亩
本庙房间间数	佛殿、瓦房共三百一十五间

寺庙登记条款总表

附属土地亩数	土地一百五十六亩，田地六百三十二亩半
附属房间间数	土房十三间
佛像、神像	铜佛像六尊、泥佛像万余尊
礼器、乐器	铜供器十二份，锡供器十四份。铜钟三口，铁钟一口，云牌一面，铜磬一口，铁磬三口，鼓二个，木鱼二个
经典	大乘经十余部
其他	石碑七座
备考	曾在公安局登记

寺庙法物登记条款表

寺庙名称及区域地址门牌	万寿寺在西郊第三分署西直门外长河广源闸二十六号
法物种类	铜钟三口，铁钟一口，云牌一面，铜磬一口，铁磬三口，鼓二个，木鱼二个
法物之数量及其状态	铜钟三口，约重六百余斤；铁钟一口，约重一百余斤；铜云牌一面，约重八十余斤；铜磬一口，八十余斤；铁磬三口，约重一百五十余斤
何时取得及取得之原因	民国十八年由师兄力宏名下取得
保存经过情形	历经兵燹破坏者多
可宝贵之点何在	无宝贵之点
备考	曾在公安局登记

北平市社会局送达西郊万寿寺训令 （区文令第 1428 号）

令万寿寺住持常惺

为令行事。准公安局函称案准云云，希即查照等因，准此，仰该僧随时侦查逃僧妙悟等所在举报，务期缉获，以交案为要。此令。

案据法门代表台源先后以万寿寺保管僧人妙悟霸占丛林、盗卖公物、封锁禅室、潜逃西城锦什坊街华寿寺抗不交代，呈请究治一案，经本局函达公安局转饬该管区署迅派干警将妙悟缉获到案，责令移交。去后，兹准复称，当令内四区云云相应函复等因。准此，查妙悟盗卖公物、潜匿抗交，殊属不法已极，仰该住持随时注意侦查妙悟现匿住址，就近密报该管区署，即时逮捕，勿自怠忽为要。切切此令。

交案为要。此令。

北平市社会局　　民国二十年六月二十日

1932 年北京五台山普济佛教总会从官产处购置万寿寺西路行宫，经改造修整，在万寿寺开办了育幼院，先后收留陕西灾童百余人到寺院就学。1934 年东三省同乡还在寺中收容难民子女二百余人。

东北沦陷后，流亡同胞在万寿寺行宫创办东北难民子弟职业学校，收留东北学生。据《北京市志稿》记载，最多时收留流亡学生二百余人。1935 年，东北难民子弟职业学校出现经费不足，学校被合并到国立东北中学，后按照张学良的指示一齐迁往河南鸡公山。

1936 年，北平市政府在万寿寺成立了一处戒毒所。次年 4 月，因电线短路，寺院中路万寿阁被火焚毁。这座万寿寺内最高的建筑被夷为平地，直至 21 世纪初才得以复建。

抗日战争胜利后，万寿寺先为国民党陆军某军驻地。1948 年 12 月东野 5 纵队占领万寿寺，1949 年 2 月万寿寺由中国人民解放军总参谋部接管。

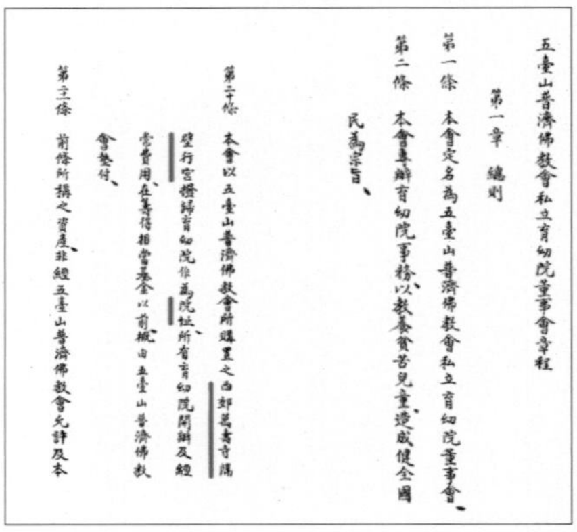

五臺山普濟佛教會私立育幼院董事會章程

第一章　總則

第一條　本會定名為五臺山普濟佛教會私立育幼院董事會、

第二條　本會專辦育幼院事務、以教養貧苦兒童、造成健全國民為宗旨、

第二十條　本會以五臺山普濟佛教會所購置之西郊萬壽寺隔壁行宮撥歸育幼院作為院址、所有育幼院開辦及經常費用在籌備相當基金以前、概由五臺山普濟佛教會墊付、

第二十一條　前條所撥之資產、非經五臺山普濟佛教會允許及本

0　0　9

《五台山普济佛教会私立育幼院董事会章程》中选址万寿寺行宫的条款。

获新生修缮开放

红色摇篮 进京新址

1949年2月北平和平解放。原陕甘宁边区儿童保育院（洛杉矶托儿所）自1946年撤离延安后，靠人背马驮和徒步行走3000里，“上有飞机轰炸扫射，后有敌军围追堵截”，历经三年时间，终于来到北平。在托儿所到达北京前，就有人勘察了八大处、香山等地方，最后选中了万寿寺。一开始有人不同意，认为这么大个地方，给孩子们住有点可惜，在请示朱德总司令时，他说：“这里面装着一个新中国，装的是祖国的未来。我还嫌小呢！”就这样，园址定在了万寿寺。保育院先驻在万寿寺东路的方丈院内，并在东路养牛、开垦菜园，又对寺院进行了改造，建设保育、游戏设施。1950年托儿所改名为“中央军委保育院”，搬至万寿寺西路行宫。

1955年，中央军委保育院更名为“万寿寺幼儿园”，直至1969年迁到北京黄寺，被命名为“总政幼儿园”。

人民政府对万寿寺僧人给予了关照，寺院房舍可以出租，用以维持生计，僧人生活得到很大改善，僧人们可以还俗生活。1957年，万寿寺最后一位住持悟性法师，将7处庙产交予政府，僧人们离开万寿寺。

010

陕甘宁边区儿童保育院（洛杉矶托儿所）
1938年7月，由进步人士、社会团体和陕甘宁边区政府发起成立了陕甘宁边区儿童保育院，抚养和教育革命的后代。宋庆龄、何香凝、邓颖超等13人为名誉理事，杨芝芳兼任院长。身居香港的宋庆龄了解到托儿所的艰苦条件，以“保卫中国同盟”的名义联络洛杉矶爱国华侨，捐助了一批药品、玩具、食品及幼儿生活用品。为了感谢爱国华侨的支持，中央决定将保育院改名“洛杉矶托儿所”。

文化遗产 逐渐开放

1969年万寿寺幼儿园迁出后，解放军总政治部歌舞团、话剧团进驻万寿寺中路和西路，设排练厅、练功房、库房和宿舍区；工程兵某部进驻万寿寺东路，改为宿舍区。寺院建筑在七十年代以后发生了局部变化，万佛楼后边的塔院全部损失。1979年，北京市政府将万寿寺列为市级重点文物保护单位。

1982年2月，因管理不善万寿寺西路发生火灾，烧毁了行宫的前正殿及配殿、游廊和垂花门。火灾的发生，引起了社会各界的重视。1984年，军方将万寿寺的中路和西路交北京市文物事业管理局和国家文化部分别接收。经专家论证，结合古建筑的现状，市政府决定恢复万寿寺古建筑群原貌，但不恢复寺院功能。鉴于寺院建筑多处坍塌损毁，市政府拨款修缮寺院中路。与此同时，中国作家协会也拨款修缮寺院西路，并筹备成立中国现代文学馆。舒乙先生筹备现代文学馆时，就在万寿寺西路工作，他的随笔《都市精灵》里，开篇第一句就是“我工作的地方以前是清朝太后的行宫，里面有一个古树参天的大院子，幽雅得很。”

1985年根据北京地区博物馆事业发展的需要，在万寿寺原址成立艺术类藏品博物馆。为此成立了北京艺术博物馆筹备处。万寿寺中路一、二进院开始修缮。本着“边修缮、边开放”的原则，1986年5月北京艺术博物馆开放了万寿寺鼓楼、天王殿、大雄宝殿配殿等展区，接待国内外民众参观游览。至1987年北京艺术博物馆正式成立，大雄宝殿到大禅堂之间的建筑也完

011

孩子们在西路行宫的爬山廊下游戏

寺内建筑有些破败，中央军委保育院先在万寿寺东路落脚，开展工作。随后保育院从东路搬入万寿寺西路。

012

1949年6月—12月，万寿寺内举办了全国妇联第一期保育干部训练班，朱德、康克清、周恩来、邓颖超、蔡畅、廖梦醒等同志曾亲来视察。

成了修缮，博物馆的开放展区扩大到中路的前四进院落，举办国内各地古代艺术品展览。2006 年万寿寺被定为第六批全国重点文物保护单位。

013

鼓楼在上世纪80 年代亟需修缮

014

万佛楼在1984 年前尚未恢复原貌

保护遗址 全面大修

万寿寺是一座保存相对完整的明清木结构建筑群，只有不间断地修缮和修复，才能保持其安全的状态。2002)2003 年，博物馆依照传统工艺和技术复建了被焚毁的万寿阁，并全面油漆彩绘了寺院中路建筑。与此同时，万寿寺西路行宫也得到修缮，恢复了被焚毁的前正殿建筑及其院落。为了保持这座皇家寺院的总体风格，2006 年 7 月，北京市政府研究决定：“万寿寺东路拆迁事宜由海淀区政府落实，具体由海淀区市政管理委员会比照城中村项目审批办理手续，并负责实施拆迁。”由此拉开了万寿寺东路拆迁的大幕。2017 年 7 月，北京市领导在大运河文化带保护利用调研时强调重点抓好大运河上游万寿寺等重要文物保护和修缮。此后万寿寺被确定为“大运河文化带建设”的重要文化节点，带动了万寿寺东路拆迁工作。至 2019 年，万寿寺东路 84 户居民彻底搬迁结束。

2017 年 1 月，北京艺术博物馆暂时闭馆，万寿寺迎来建寺至今的第五次大型修缮。此次万寿寺修缮距离上一次大修（1894）已经过去 120 余年了，社会发生了翻天覆地的变化，这是万寿寺建寺以来规模最大、范围最广、时间最长的一次修缮工程，尤其是在修缮东路现存建筑之前，还完成了东路遗址的考古发掘。

相较前四次庆寿祈福的修缮目的，现代化的修缮是以最大限度的保护文化遗产为宗旨，以提升公众服务的质量为修缮开放的目标。万寿寺范围内所有的历史信息、建筑材料、纹饰色彩、绿植古树，均得到最大限度的保护和最小限度的干扰；遵循“保护为主，抢救第一，合理利用，加强管理”的文物工作方针，在修缮时几乎全部采用了传统的技术与工艺，所需补配的建筑材料，也是比照传统的材料选取制作，“偷梁”“墩接”“瓦瓦”“砍斫”“撕缝”“使麻”“贴金”……这些传统营建的规定工艺，无一遗漏地出现在修缮工程里。

诚然，人类已经迈进科技时代，万寿寺的第五次大修，带有时代的特征，科学技术体现在每一个细节里。先有对佛像、彩绘颜料层的检测分析，又有对造像内部结构的超声内窥镜检测，随后对建筑木材也进行了抽样鉴定；大修内容除了对建筑本体的修缮，还包括现代化设施建设：照明、供电、电话、网络、室内消防烟感、建筑屋顶和树木的避雷设施、自来水、污水、雨水、消防水、空调、暖气，以及管线在对古建、古树安全的前提下合理隐藏、全方位安防监控系统的管线预留…… 种种策划筹谋，皆出于完整保护古建筑的需要，皆出于完善博物馆开放功能的考量。

万寿寺的位置处于紫禁城与西郊三山五园中间，历史上占地五百五十亩（约 36.7 万平方米），另有四百二十亩（约 28 万平方米）寺产，寺院南临长河，由于长河河道走势的原因，院落整体实际朝南偏西，目前东西总宽 138 米，南北进深 236 米，占地 3.4 万平方米，尚存古建筑面积 1.1 万平方米。历史上清帝为举办庆寿活动而进行过四次大修和增建，民国后又有居民改建，格局形成东、中、西三路建筑群，各由夹道分隔，殿宇错落、巍楼闳宇、规模壮阔，有“京西小故宫”之称。

殿宇宏丽

万寿寺是第六批全国重点文物保护单位，保护区域内古建筑类型多种多样，有殿堂、楼阁、亭子、假山、回廊等各色建筑一〇六座：其中殿十九座、堂五座、楼四栋、阁一座、轩二座、斋二座、亭五座、房四十四座、厅四座、门四座、游廊十六条，另有穿堂门、地藏洞、假山等。它们跨越明清两代，不仅建造形式复杂多样，而且由于康熙、乾隆、光绪三朝斥巨资精造添补装饰，建筑修饰具备皇家气度且伴随各朝特征，甚至还有西方巴洛克艺术的装饰风格。

万寿寺中路现存七进殿院，依次是：山门殿、天王殿、大雄宝殿、万寿阁、大禅堂、三大士殿、乾隆御碑亭、无量寿佛殿、中西合璧式门、光绪御碑亭、万佛楼等四十二座建筑，在明清两代是皇室佛事活动场所；东路除了最北端的方丈院经修缮后十分规整外，其余地面上的院落围墙几无痕迹，目前从南向北依次有十方院的倒座房、库房、厨房、十方堂、大斋堂，法堂院的南房、东西厢房，方丈院的方丈室等十七座建筑，建于清乾隆二十六年（一七六一）的法堂、药师坛毁损后未再复建，历史上东路是僧侣们的生活区；西路现完整保留有七进院落，依次是：寿膳房、寿茶房、海棠院、前正殿、正殿、后照楼、大悲坛等四十七座建筑，是清代皇帝休息、用素斋、礼佛的行宫园囿。

001

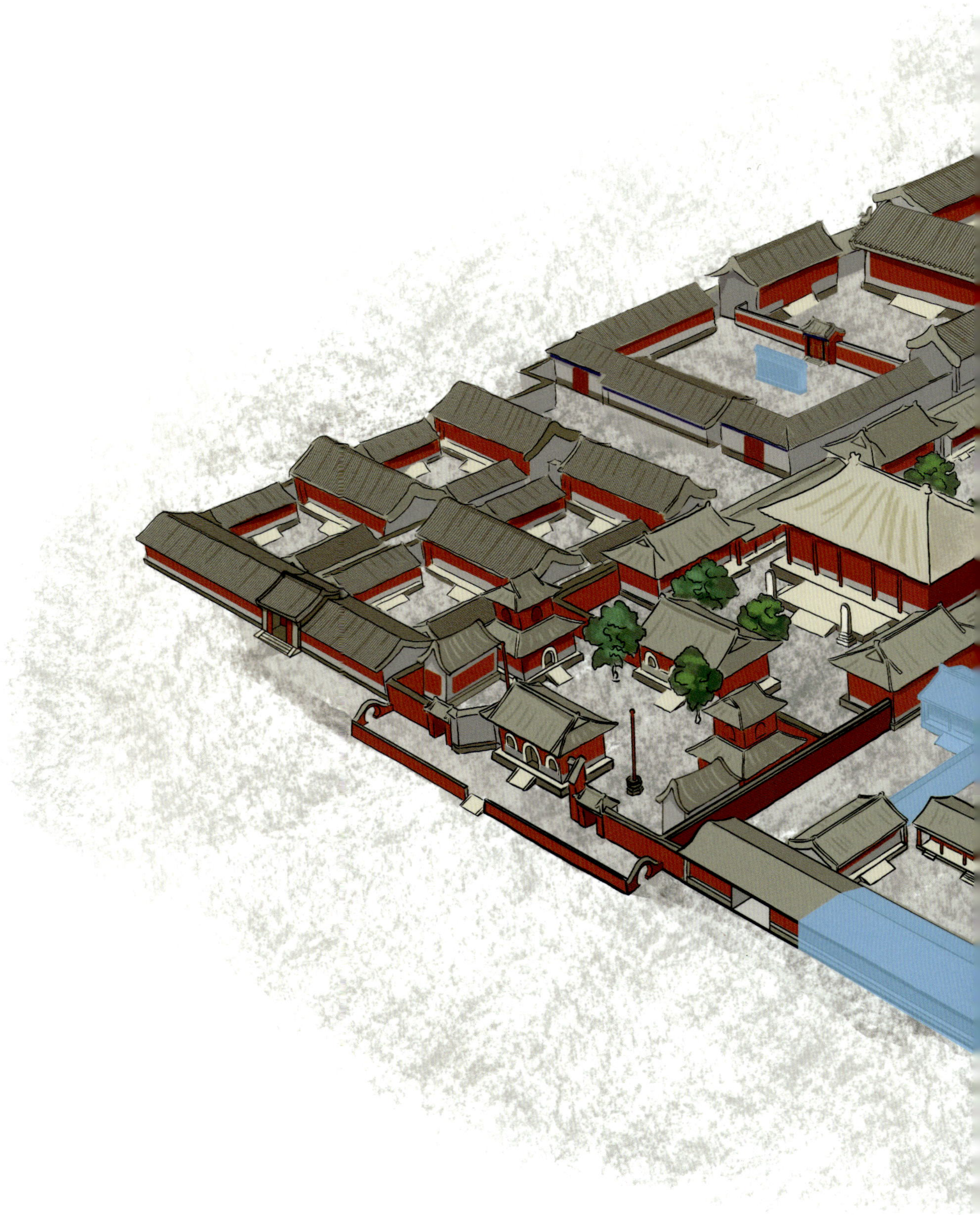

001 万寿寺现存建筑示意图

图中浅蓝色部分为消失的建筑。

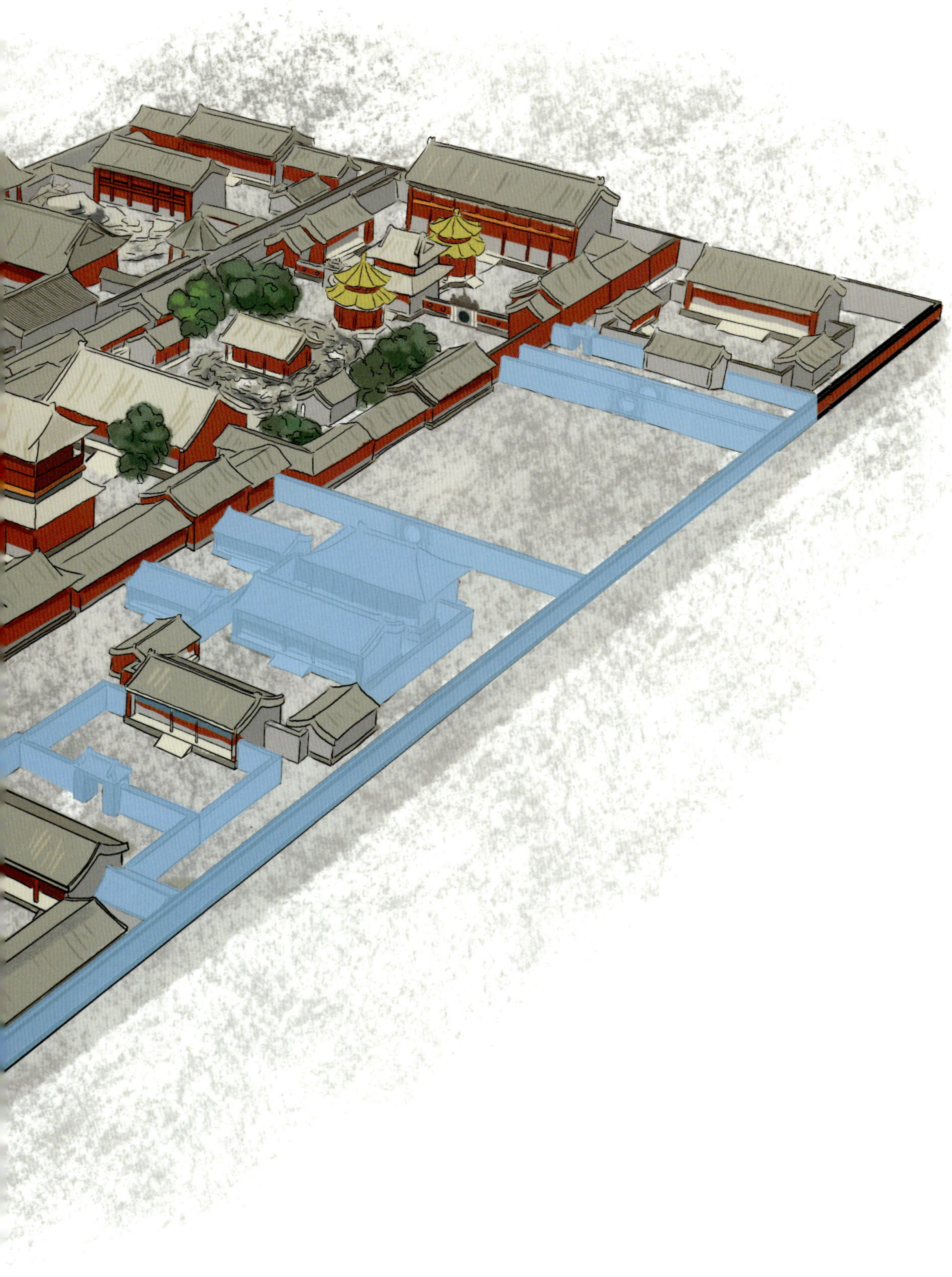

山门殿（金刚殿）

万寿寺山门建成于万历五年（1577），由三个门组成，象征佛教中“三解脱门”；中间山门殿为空门，东、西掖门分别称为无相门、无欲门（无作门），在佛教中三个门含有智慧、慈悲、方便的意思。掖门为歇山式屋顶。

山门外宇墙虎皮底座，朱墙青石顶。总长 49 米。两侧月亮门，墙宽 5.7 米；月亮门内径高 1.85 米，内径宽 1.8 米，总高 2.55 米。

山门殿是万寿寺唯一一座砖石结构无梁殿，面阔三间，单檐歇山顶，面宽 11.58 米，进深 6.71 米；面积 77.7 平方米；柱高 4 米，脊高 7.4 米。当心间为石券门，带圆门牙子，券脸雕三宝珠火焰云纹。次间为石券窗，雕双交四椀菱花图案，棱条正交；窗券饰如意祥云纹。后檐墙同正面一致，一拱门两券窗。石门券上方有清代顺治二年御赐石门额，上书“敕建护国万寿寺”，落款“大清顺治二年岁次乙西季夏立”。山门殿的前后檐台阶为青白石垂带踏跺。山门殿内两侧原有泥塑护法金刚，即民间俗称“哼哈二将”，高一丈四，神态威猛。今无存。

002

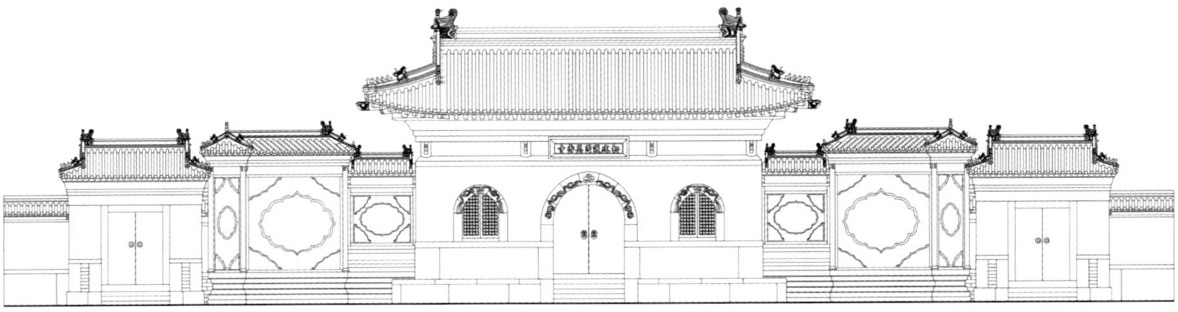

002 山门立面图

003 山门

004 殿内券顶绘有 72 只红色蝙蝠穿行飞舞于五彩祥云之间，寓意“洪福齐天”。

003

004

山门殿两侧与东、西掖门之间的是卡子墙与一封书撇山影壁，它们与山门殿相连，墙体装饰青砖雕宝相花，花饰以外的墙面抹灰刷红浆，构图清晰，色彩和谐，既延展了山门殿的装饰区域，又好像张开的双翅，在门前增强了进入寺院的仪式感。

005

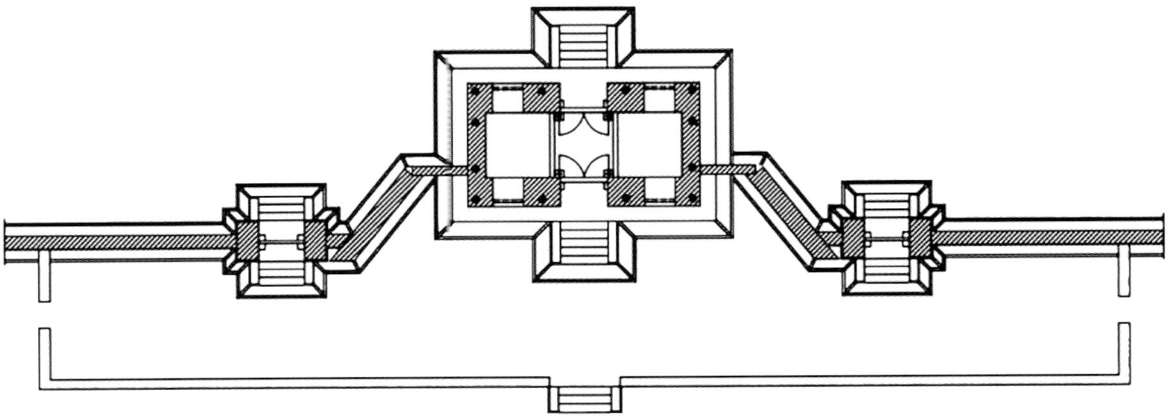

005 山门及影壁墙平面图

006 一封书撇山影壁

007

008

009

007　卡子墙

长 1.96 米，宽 0.8 米，高 4.4 米。朱墙青砖浮雕卷草宝相花纹，正中心一朵为盛开，周围三朵为花苞，墙身的四个岔角内，各饰一朵宝相花。底座为双层须弥座。上层须弥座为砖雕，上、下枋饰牡丹莲花，花叶相间；上、下枭饰仰覆莲瓣，相互呼应；束腰饰盆花、椀花绶带。上下须弥座间为砖雕椀花结带。下层青白石须弥座，与撇山影壁的须弥座相连，上枋饰蔓草云山，上、下枭素面，束腰饰椀花绶带，下枋饰蔓草山花。最下层圭角厚重，雕如意云纹。

008　斜向影壁

长 4.84 米，宽 0.82 米，总高 5.1 米。顶为庑殿顶，有吻兽、垂兽、戗脊上用一兽。檐下做五层冰盘檐不带椽。上身柱头出耳子，箍头枋浅雕花样。壁身的中心为青砖雕九朵盛开缠枝宝相花，四个岔角内各为一朵盛开宝相花。

009　青白石雕须弥座

与卡子墙基座相连，上、下枋雕蔓草云山，上、下枭素面无雕刻，束腰雕椀花绶带，转折处有玛瑙柱，圭角作素线卷云图样。

大雄宝殿

大雄宝殿是万寿寺中路的主殿，位于中路第二进院，明万历五年（1577）建，时称大延寿殿。单檐庑殿顶，开间五间，宽 25.84 米，进深九椽，深 16.21 米，面积共 527.4 平方米，柱高 5.76 米，脊高 12.44 米。檐柱 14 根、金柱 12 根。明间与次间设门，稍间槛墙上设窗，隔扇门窗为三交六椀菱花窗，菱花扣贴金。雍正十一年（1733）御题匾额“慧日长辉”，乾隆帝首次进入万寿寺，写匾额“法云常住”，两匾额曾一同悬挂于大雄宝殿门首，惜两匾均无存。殿前带月台，殿后带卷棚抱厦。大殿内金柱悬挂乾隆十六年御赐楹联“戒慧光中烟云皆般若，清凉界外花石尽真如”。

殿前月台面东西长 14.37 米，南北宽 4.95 米，高 1.13 米。方砖墁地，高度比大殿略低一步，面积约 70 平方米。台明两侧有抄手台阶，正面正心处设青白石垂带踏跺带丹陛石御道，丹陛石上浮雕十朵嵌杂宝缠枝莲花及海水江崖，边框浮雕卷草纹。

殿后檐之下出一小型抱厦，高约 5 米，面宽 7.55 米，进深 4.95 米。顶为单檐悬山四檩卷棚。

010

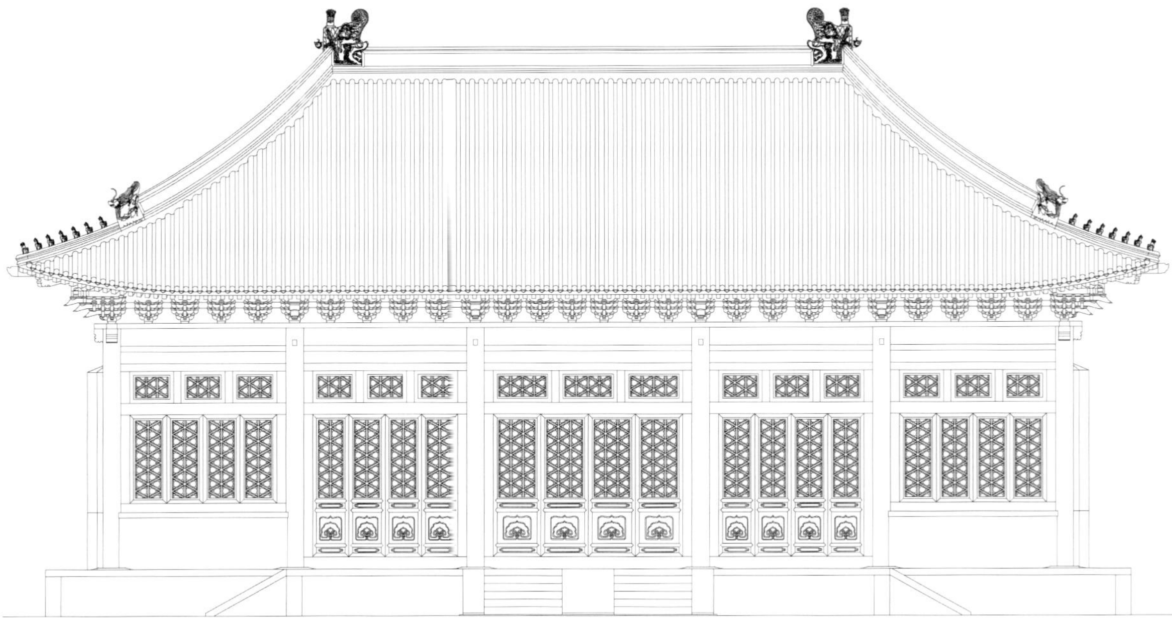

010 大雄宝殿立面图

011 大雄宝殿

012 现在“慧日长辉”九龙匾为 2013 年仿制。

慧日長輝

013

014

0　1　3　　乾隆御题“祝延万寿”匾

大雄宝殿东西配殿原为罗汉殿，分别有乾隆御题“祝延万寿”“安心竟”两匾（今为原样复制）。

0　1　4　　乾隆御题“安心竟”匾

0　1　5　　大雄宝殿（局部）

016

016　大雄宝殿正面供奉横三世佛

通高 5.8 米，其中佛像下石基座高 1.06 米。每尊佛像高 2.3 米，莲座高 0.57 米，背光高 4.7 米。中间一尊佛像是娑婆世界教主释迦牟尼佛，东为东方净琉璃世界教主药师琉璃光佛，西为西方极乐世界教主阿弥陀佛。大殿中央有毗卢遮那佛像一座，为近代从东路损毁的毗卢殿移来，佛像头戴五佛冠，两手于胸前结智拳印，结跏趺端坐于千叶莲座上。整尊造像为明中期风格，体量大，保存完整，工艺精湛。

万寿阁

万寿阁位于万寿寺中路第三进院中轴线上，明万历五年（1577）建。1937 年毁于火灾。万寿阁明代称藏经阁、宁安阁，开间五间，进深四间，前带月台，月台上有一周汉白玉栏杆。二层为歇山顶楼阁。原万寿阁有东西两侧穿堂、转角房。清乾隆十六年（1751），皇帝赐名“万寿阁”并御赐“欢喜坚固”匾额，今无存。清乾隆时期万寿阁内设围屏、寿联以备崇庆皇太后万寿庆典。现在的万寿阁是 2003 年复建。

017

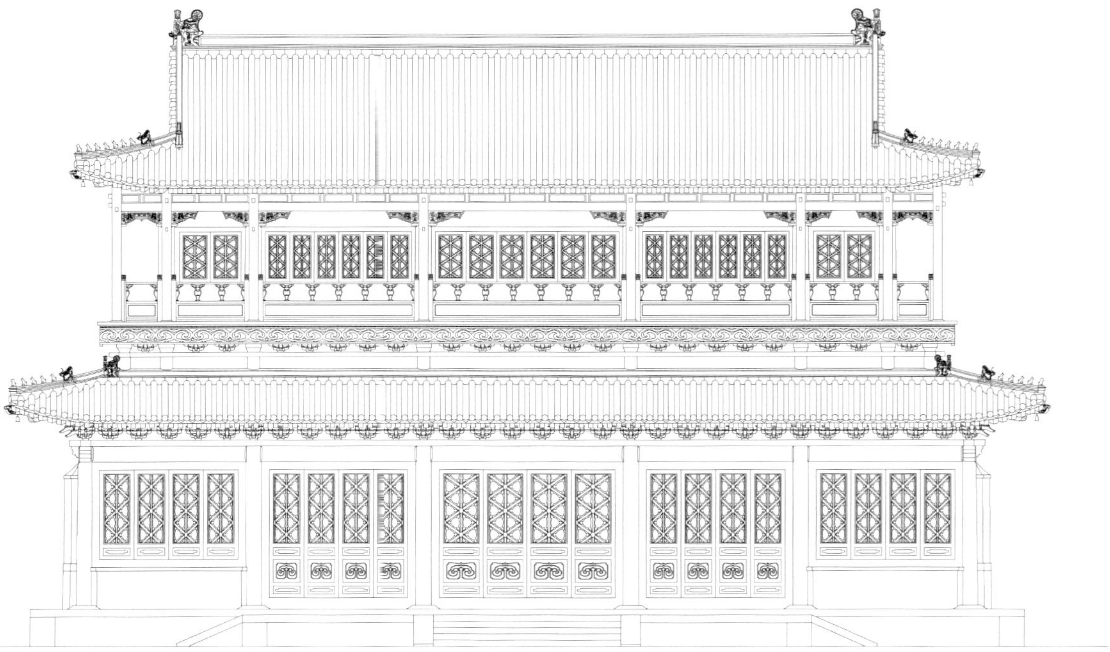

017　万寿阁立面图

万寿阁在明代是藏经阁，用于贮藏佛经典籍。后虽经清代多次修缮，但在 1937 年毁于火灾。现在的万寿阁是 2003 年在原址上重建的，面宽 25.46 米，进深 13.32 米;月台面宽 14.58 米，进深 6.4 米。一层面积 330 平方米，二层面积 220 平方米。檐柱高 4.2 米，脊高 14.24 米。檐柱 12 根，金柱 12 根（其中重檐金柱 8 根）。二层擎檐柱 20 根。

018　2003 年复建的万寿阁

019

018 019

观音殿

观音殿是万寿寺中路第五进院的正殿，位于假山之上，开间三间，进深三间，单檐悬山顶建筑，面宽 12.7 米，进深 8.82 米，面积 112 平方米。柱高 2.78 米，脊高 6.05 米。有前后廊，檐柱 8 根，金柱 8 根。三交六椀菱花窗，有菱花扣。青白石阶条。乾隆十六年（1751）御赐观音殿“声闻普遍”匾额，今无存。

0 2 0

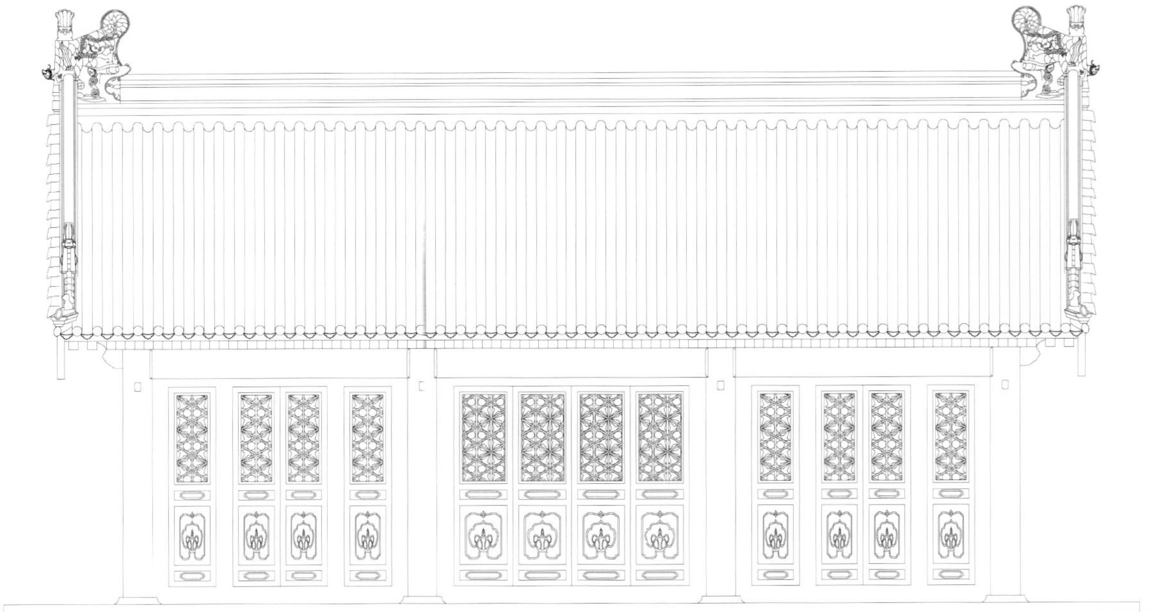

0 2 0 观音殿立面图

0 2 1 观音殿

中路北部建筑群

万寿寺中路后端，一组布局密集的建筑在假山的北面组成了高低错落犄角相斗的建筑群。有趣的是，这一组建筑不是明代初建寺院时的原装，而是由清代玄烨、弘历、载湉三位皇帝精心添建的，时间跨越长达200年。添建始于康熙二十五年（1686）扩建万寿寺时，填埋了假山后的水池之后，于中轴线上建无量寿佛殿、万佛阁（俗称万佛楼）以及配殿和长廊等；65年后，为庆祝崇庆皇太后六十寿辰，在乾隆十六年（1751）于无量寿佛殿与假山之间的中轴线上兴建了御碑亭，在无量寿佛殿东西两侧新建了两组中西合璧式院墙和西洋门，使万寿寺中路假山院落与万佛阁院落得到空间上的分隔；143年后，为了庆祝慈禧太后六十大寿，光绪十九年（1893）初，对万寿寺再次重修，在无量寿佛殿后，参照乾隆御碑亭，再建了一座黄琉璃瓦御碑亭，复建了3年前焚毁的万佛楼。

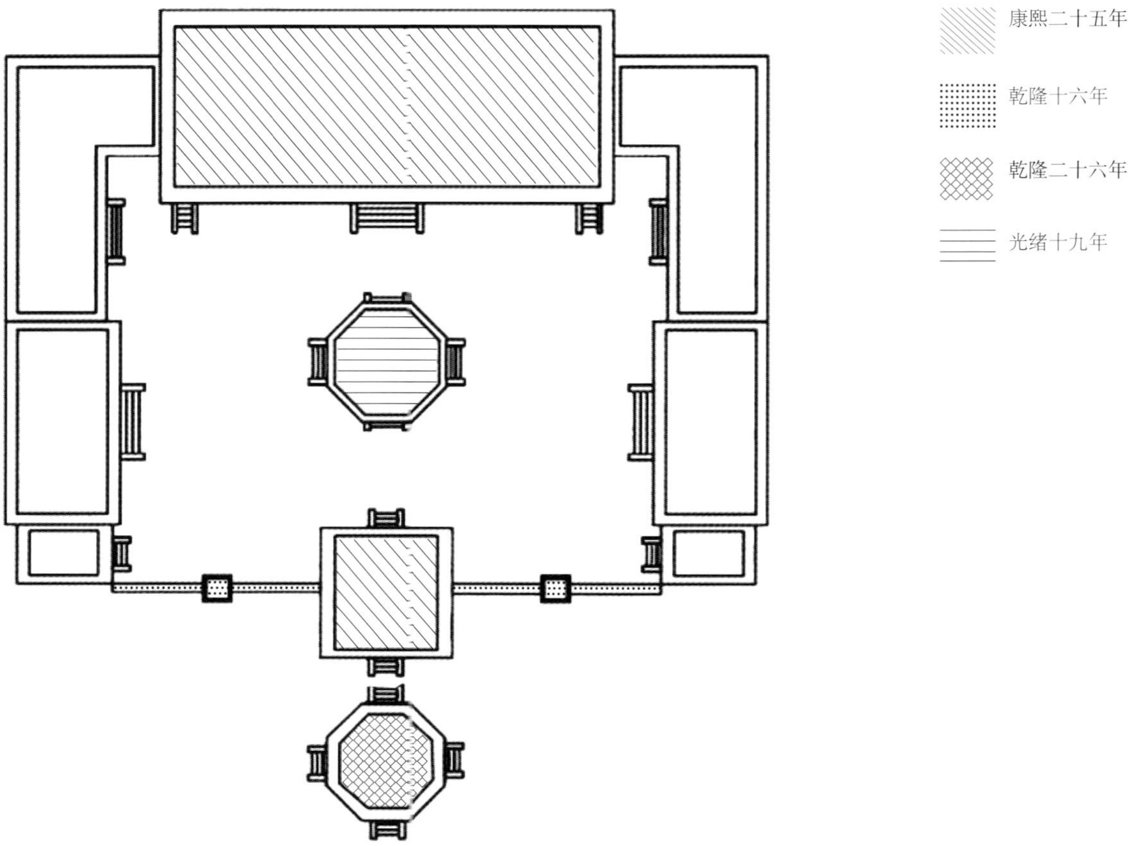

0 2 2

0 2 2　两座黄琉璃瓦八角御碑亭、无量寿佛殿、万佛阁、西洋门等增建年代示意图

0 2 3　西洋门景区建筑群增建年代示意图

无量寿佛殿

无量寿佛殿位于万寿寺中路六进院中轴线上，清康熙二十五年（1686）建。重檐歇山顶，开间三间，宽 9.16 米，进深三间，进深 9.16 米，面积 83.9 平方米。柱高 4.2 米，脊高 10.59 米。檐柱 12 根，金柱 4 根。殿内原供奉无量寿佛（阿弥陀佛）漆金铜塑站像一尊，高一丈六，今无存。现殿内放置明代天启年间铸造的渗金多宝塔，为 20 世纪 80 年代初由长椿寺移来。

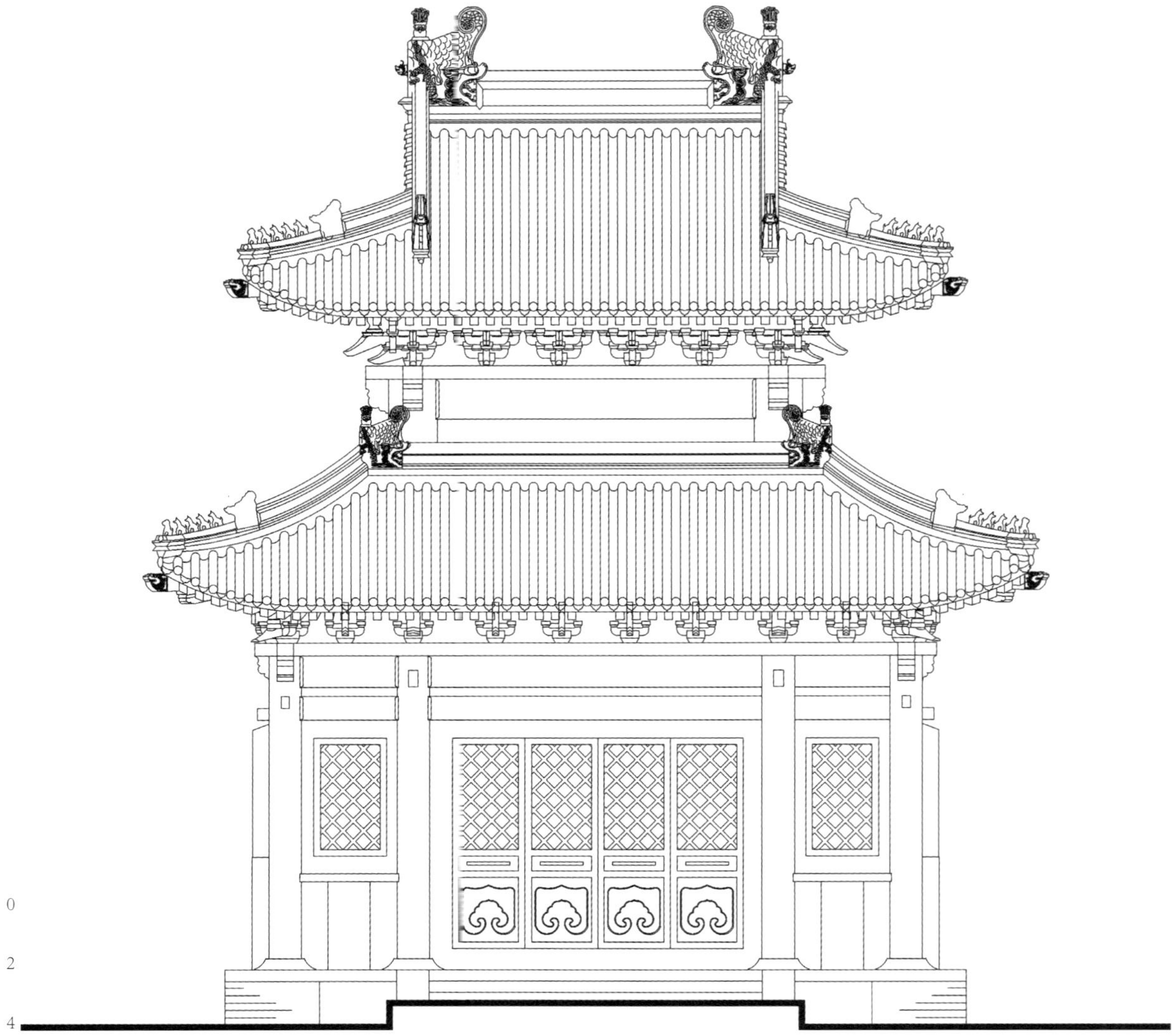

025

026

027

024　无量寿佛殿立面图

025　无量寿佛殿

026　无量寿佛殿内彩绘盘龙藻井与渗金多宝塔

027　无量寿佛殿双交四椀菱花窗

八角御碑亭

乾隆御碑亭位于万寿寺中路第六进院无量寿佛殿前，清乾隆二十六年（1761）建。重檐八角攒尖顶，六样黄琉璃瓦屋面。面宽 3.44 米，面积 57 平方米，柱高 4.18 米，脊高 12.92 米。亭内有螭首龟趺巨型石碑一通，高 2.96 米。碑文为乾隆御题“重修万寿寺碑记”，分别以汉、满、蒙、藏文字铭刻。

光绪御碑亭位于万寿寺中路中轴线七进院内，清光绪二十年（1894）建。六样黄琉璃瓦重檐八角攒尖调大脊建筑。面宽 3.44 米，面积 57 平方米，柱高 4.18 米，脊高 12.92 米。

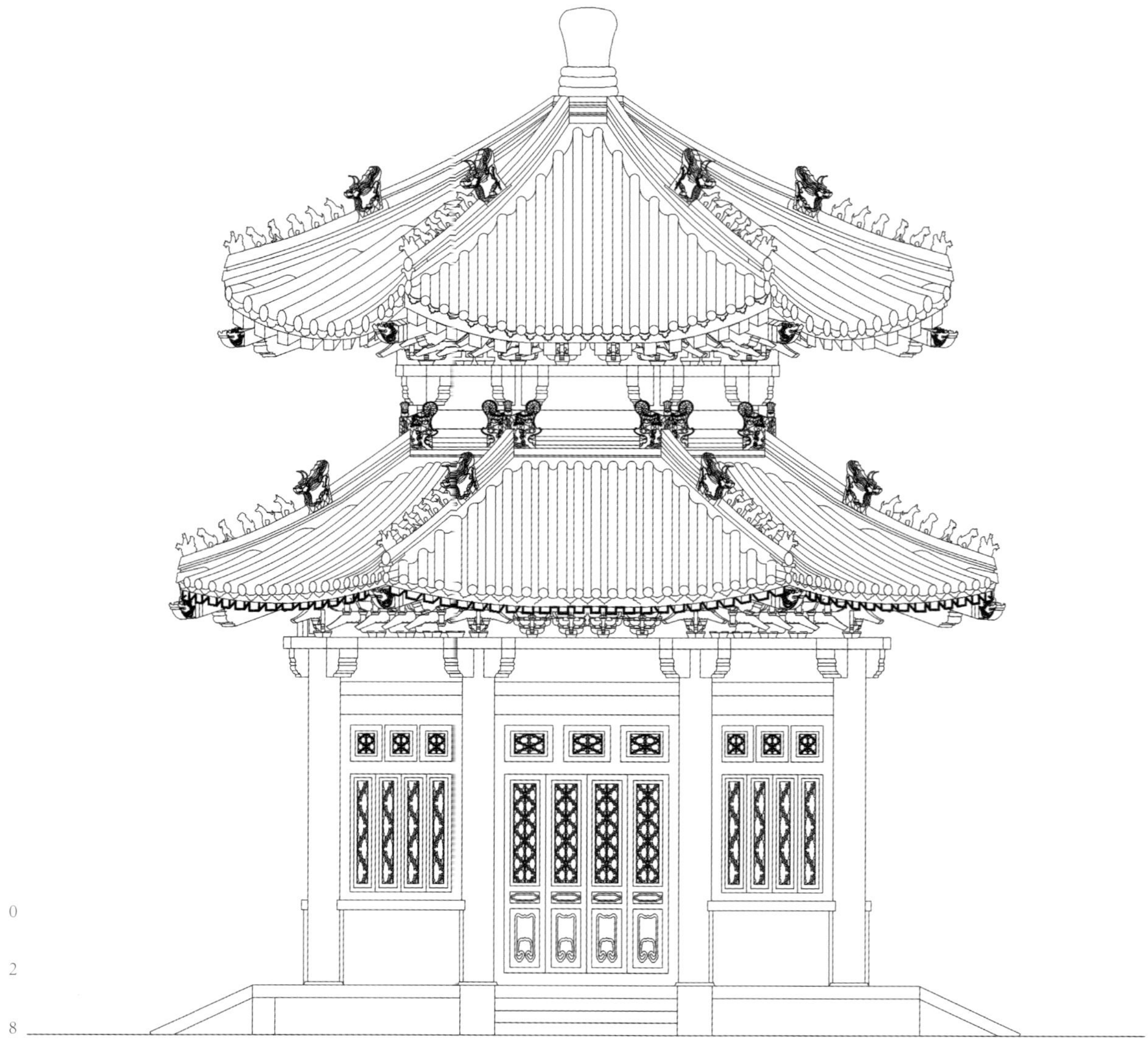

0 2 8 乾隆御碑亭立面图

0
2
9

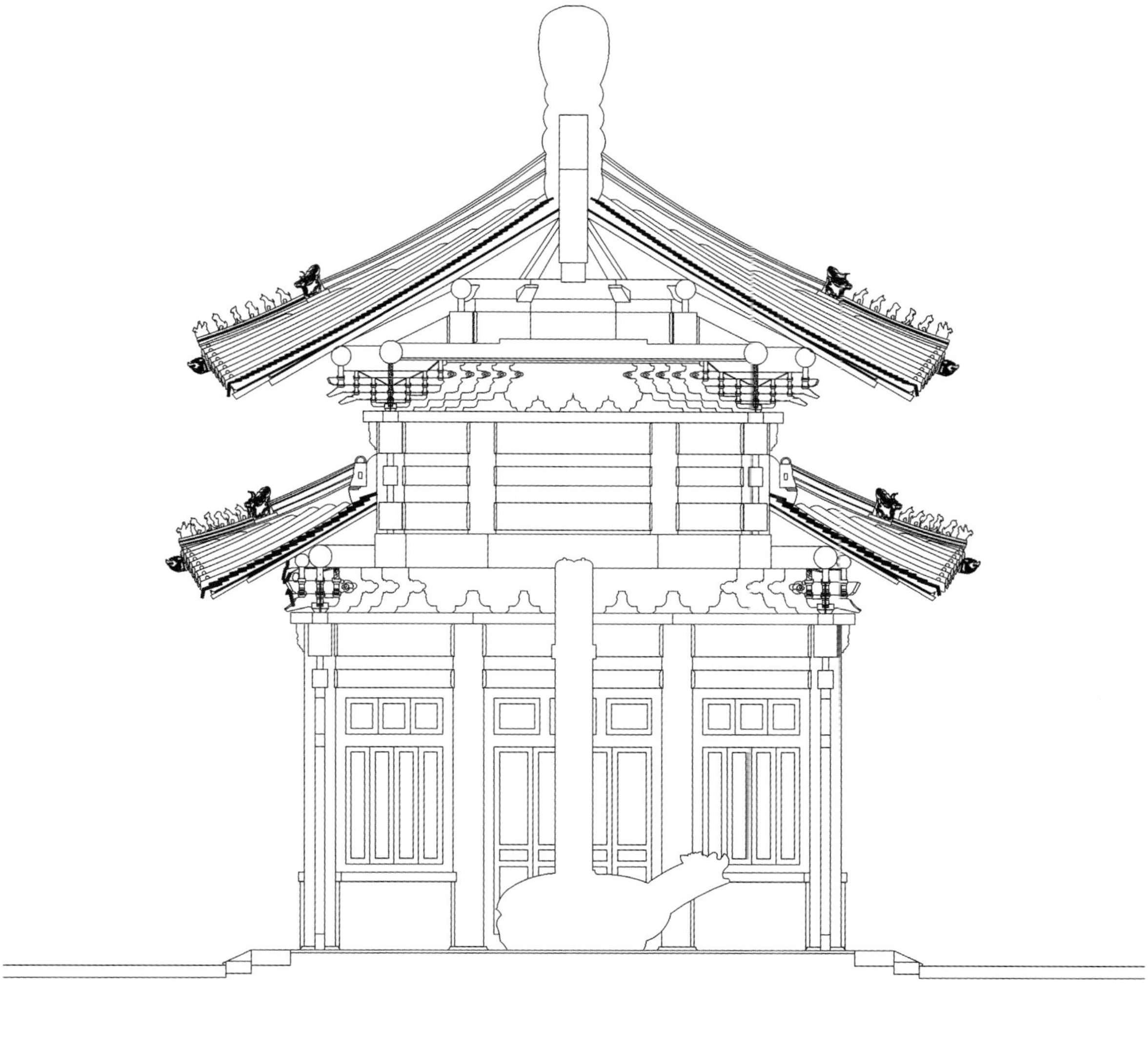

0 2 9　光绪御碑亭剖面图

0 3 0　　乾隆御碑亭

031　光绪御碑亭

万佛楼

原万佛楼于清康熙二十五年（1686）建，后焚毁于光绪十三年（1887），现在的万佛楼为光绪十六年（1890）重建。一层称三圣殿，二层称千佛阁。三圣殿内原供奉九尺高释迦牟尼佛铜像一尊，高六尺的文殊菩萨、普贤菩萨、观音菩萨、地藏菩萨铜像，11 尊高三尺形态各异的侍者木像，一组二尺高的泥塑十八罗汉。二层供奉五尊六尺高五方佛泥像、11 尊三尺高泥质侍者像、满墙壁龛内有近万尊 4 寸高的泥长寿佛小佛像。清乾隆十六年，从大雄宝殿迁至三圣殿殿首匾额“法云常住”，今无存。三圣殿内御赐楹联：殿柱北面为“甘露洒诸天现清净身说平等法，慈航超彼岸以自在力显大神通”；殿柱南面为“性海波澄静涵功德水，福林荫溥妙涌吉祥云”，今无存。

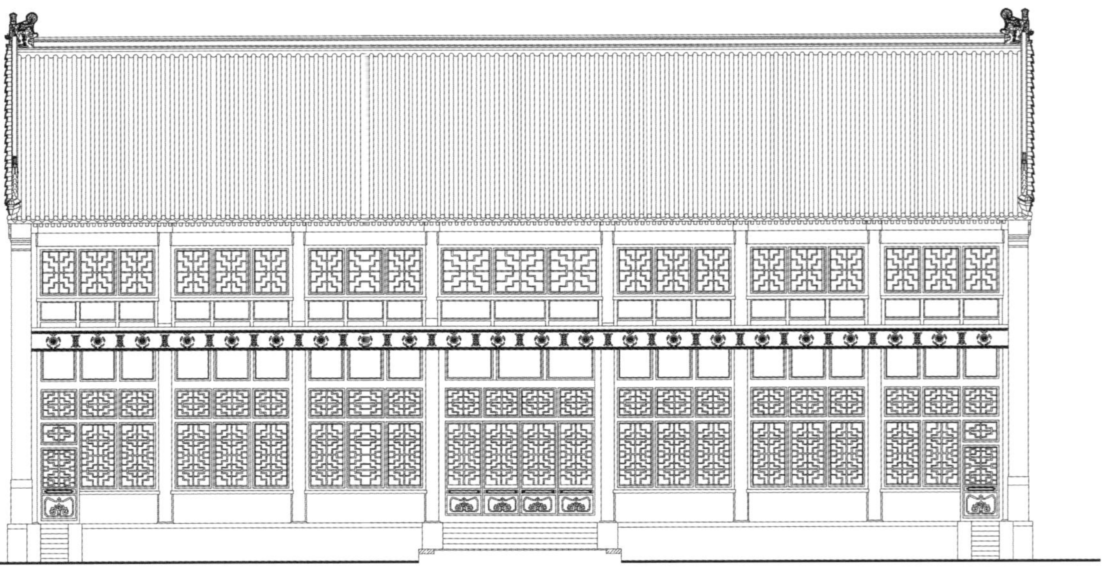

0 3 2

0 3 2　万佛楼立面图

万佛楼开间七间，进深三间，削割瓦二层硬山式调大脊屋面。面宽 31.3 米，进深 13.25 米，面积 829 平方米。柱高 8.9 米，脊高 15.7 米。

檐柱 16 根，金柱 16 根。

0 3 3　万佛楼的拐子锦棂格窗

0 3 4　万佛楼挑顶大修时发现顶下仍保存大量佛龛及小佛像

0 3 5

033

034

035

西洋门

乾隆朝，东西方文化交流频繁，大清国财务充盈，盛行在欧洲大陆的巴洛克建筑风格也在东方皇家园林里盛行起来。目前北京地区有三处西洋门建筑，分别在圆明园、恭王府花园、万寿寺。万寿寺的这对西洋门是乾隆十六年（1751），为庆祝皇太后六十大寿，在无量寿佛殿两侧增建的。

036

0 3 6 砖雕中西合璧纹饰

0 3 7 西洋门

乾隆十六年（1751）在无量寿佛殿两侧添置院墙，中部各开圆光门，门顶拱形砖雕台座为仿印度大菩提迦耶塔式作法，门两侧墙壁各开透花窗，为中式作法，有六角和八角形各一，窗内为万字锦窗格，墙缘及窗沿饰有莲花镂雕。之所以称为西洋门，是由于它的墙头、墙面、装饰中西合璧的砖雕，图案为巴洛克风格花卉与中式八宝、缠枝莲花、折枝梅花等相互融合。

0 3 8 圆光门门顶拱形砖雕台座

039

039　花窗窗沿饰有缠枝八宝镂雕

040　花窗之间的砖雕饰

040

方丈院

位于万寿寺东路最后端的方丈院，为康熙二十五年（1686）增建，由高大宽敞的方丈室、东西厢房、南房以及四个转角廊组成的一处闭合庭院。方丈室内原供奉一尊石质释迦牟尼佛像，今无存。乾隆十六年（1751）御赐匾额“栖情物外”，室内楹联“爽气挹冲襟翠连空色；明漪淡尘虑影借光天”，今无存。

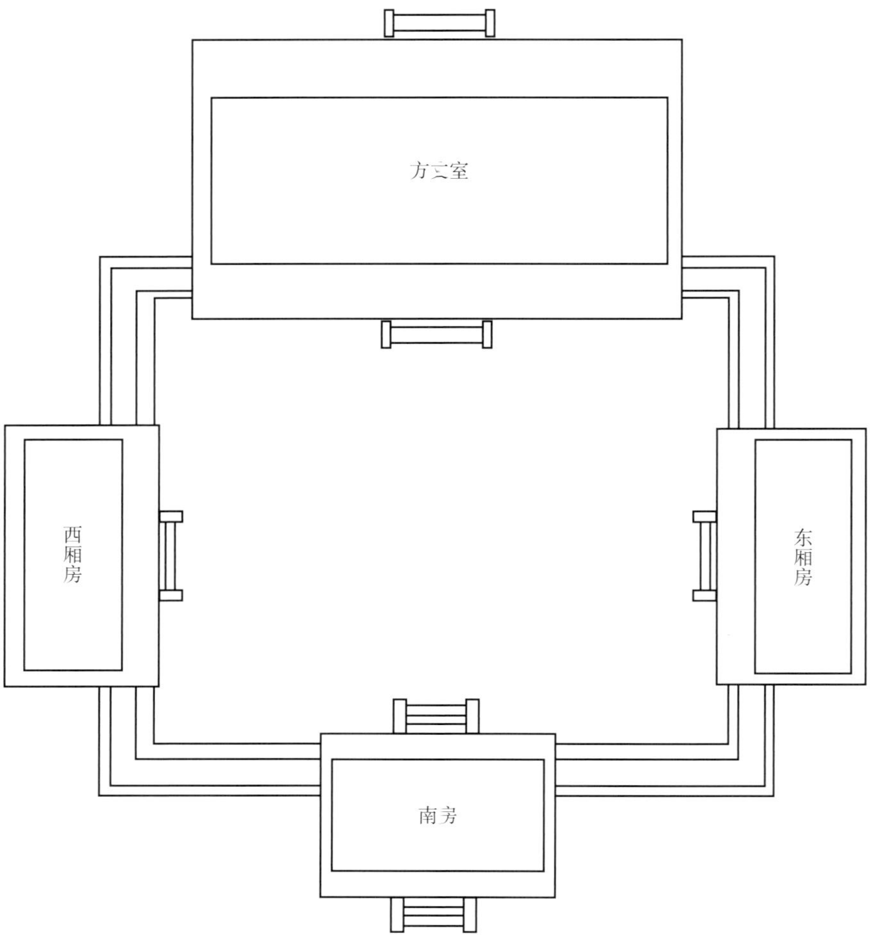

041

041　方丈院建筑布局示意图

042

043

0 4 2　方丈院方丈室及西厢房之间转角廊

方丈院共有四座转角廊，廊上开什锦花窗。

0 4 3　方丈院内方丈室和东配殿

044

044　方丈室开间五间，进深三间，硬山式建筑。面宽 19.56 米，进深 11.23 米，建筑面积 219.6 平方米。柱高 4 米，脊高 8.87 米。檐柱 12 根、金柱 12 根。外檐苏式彩画。万福双胜棂格窗、盘长棂格窗。

045

046

045　2019年方丈院修缮前状况

046　乾隆皇帝曾多次在方丈院内休息，观看寺僧驯鸽，品尝寺院斋饭茶点，在此情景之下还会御题吟诗：“三度轻舟过，一来方丈游。地偏白足静，松老绿阴稠。驯鸽香台集，凉蝉古树收。略参今昔景，门外聒清流。”此诗作于乾隆十三年（1748）。

西路行宫

万寿寺中路佛殿的西侧，建有服务皇帝、太后以及皇家驻跸队伍的行宫，目前共七进院落，与中路佛殿以一条夹道相隔。行宫初建于清康熙二十五年（1686），建筑体量相对简单。乾隆十六年（1751）、二十六年为举办祝寿庆典增建了寿膳房和寿茶房各两进院落、扩建了行殿，形成由倒座南房、穿堂、前正殿、正殿、后照楼（也称御书楼，后称梳妆楼）、大悲殿为主体建筑，占地体量与中路同等的大规模行宫。

0 4 7 西路行宫建筑布局示意图

行宫的正殿即履绥殿，歇山顶，光绪年间重建，建后面阔五间；前正殿称乐康殿，为硬山顶，面阔五间。配殿与配殿、主殿间有透花窗游廊连接，院首有垂花门。垂花门外有木影壁（今无存），以及南房五间，南房两稍间开穿堂门。

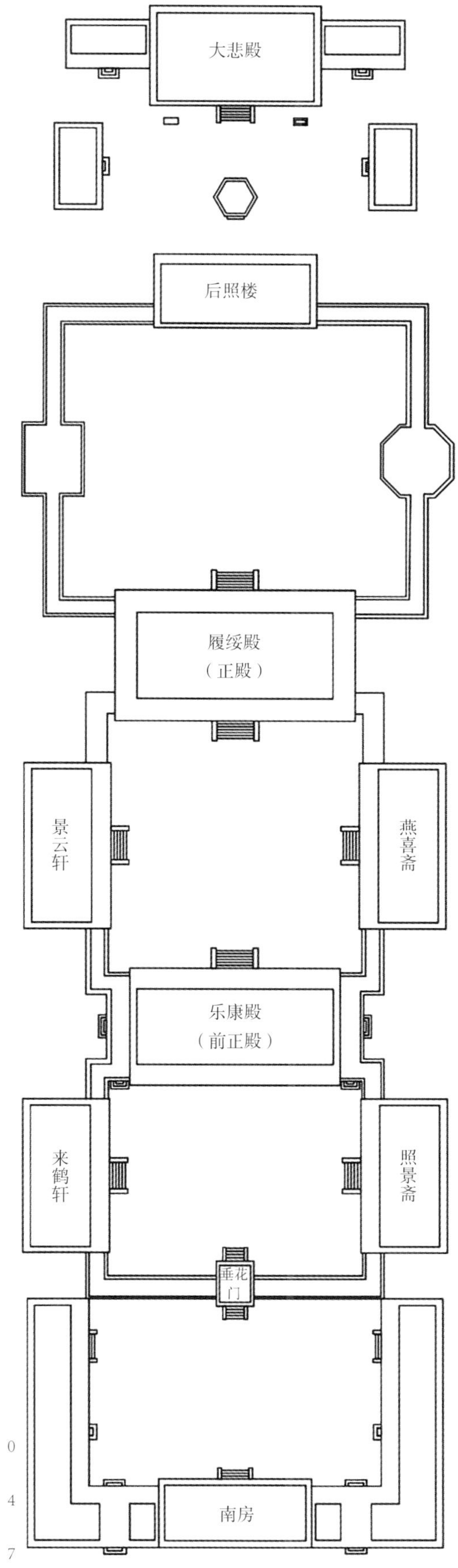
大悲殿
后照楼
履绥殿
（正殿）
景云轩
燕喜斋
乐康殿
（前正殿）
来鹤轩
照景斋
垂花门
南房
0
4
7

垂花门

垂花门与游廊将行宫的前正殿院与外院分隔开，门外原还有木影壁，今无存。垂花门彩画为 2003 年重绘。

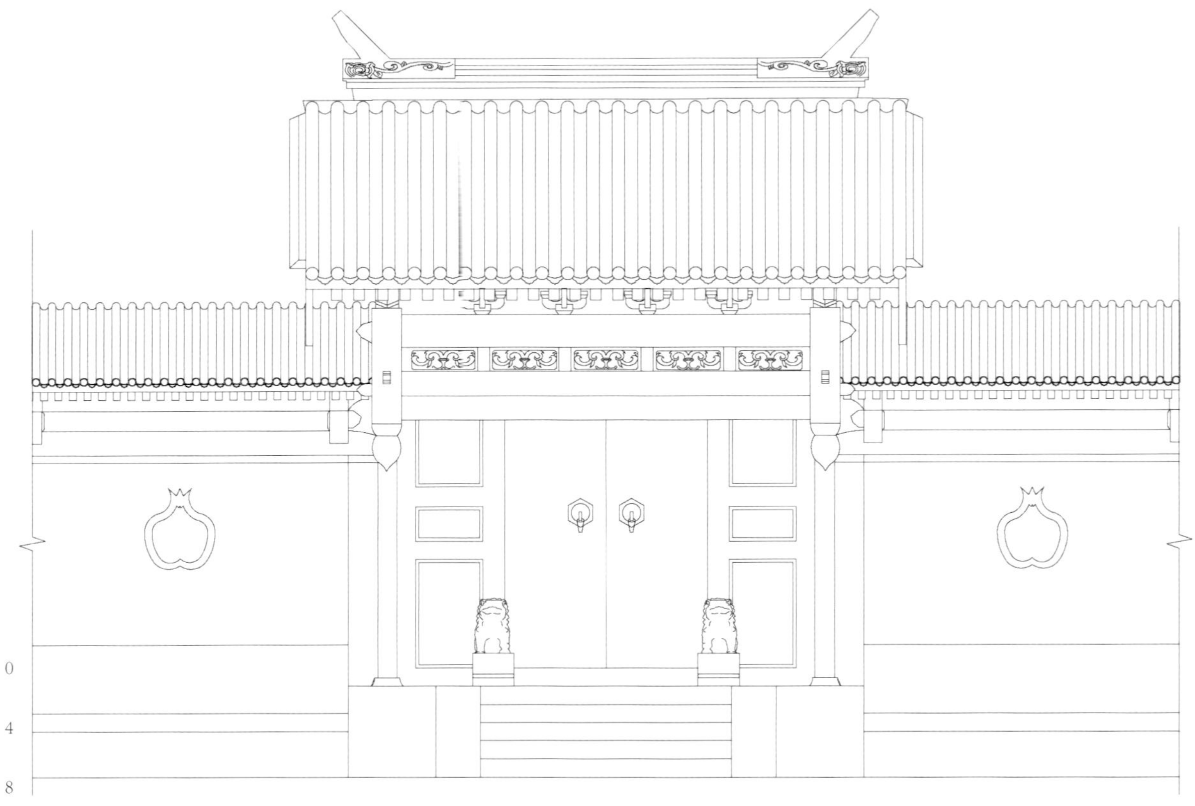

0 4 8 垂花门立面图

0 4 9 垂花门

垂花门面宽 4.31 米，进深 5 米，殿脊高 5 米，过垄脊高 4.9 米。

0 5 0 垂花门游廊

游廊宽（进深）2.56 米，柱高 2.33 米，脊高 3.5 米。

049

050

行宫正殿（履绥殿）

行宫正殿履绥殿位于万寿寺西路第五进院，清乾隆十六年（1751）建，开间七间，进深五间。光绪年间重建，建后五间，卷棚歇山式顶，面宽 27.1 米，进深 14.71 米，面积 398.6 平方米。檐柱高 4.16 米，脊高 10.4 米。檐柱 24 根、金柱 16 根。外檐苏式彩画。飞檐头饰片金卍字，檐椽头饰片金寿字。卍福双胜棂格窗。正殿于乾隆二十六年后称“履绥殿”。

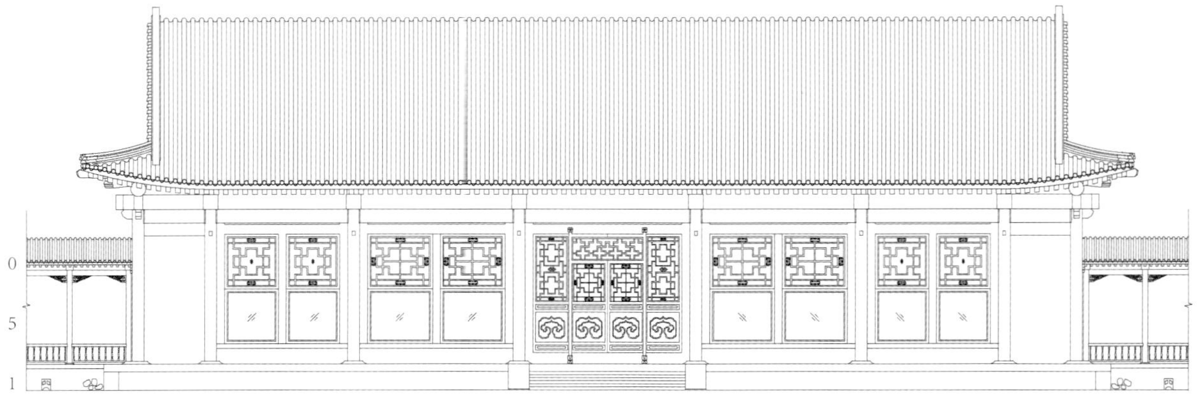

0 5 1 正殿（履绥殿）立面图

052

053

0 5 2　正殿（履绥殿）及院落

0 5 3　正殿（履绥殿）前檐廊彩画为2003年重绘图

后照楼与爬山廊

后照楼，也称乾隆御书楼，后称慈禧太后梳妆楼，硬山式屋顶。位于正殿后，由东西两组假山和爬山游廊围合成为西路第六进院。清乾隆二十六年（1761）建，一层为穿堂，可以通往七进院的大悲殿，以便皇太后参拜观音菩萨。在光绪十九年（1893）大修万寿寺时，将一层的穿堂封堵，改建为一座完整的楼阁。开间五间，面宽 18.35 米，进深二间，进深 8.09 米，面积 297 平方米。檐柱高 6.08 米，脊高 9.88 米。檐柱 12 根、金柱 6 根。外檐软卡子苏式彩画，飞椽头饰沥粉片金卍字，檐椽头饰沥粉片金寿字。卍福双胜棂格窗。

054

055

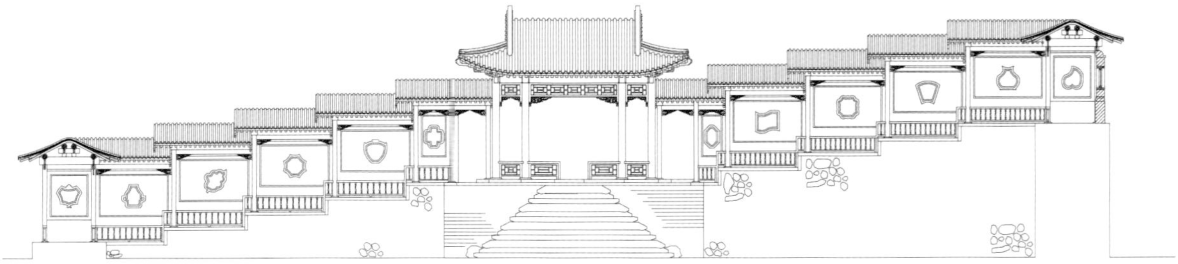

054　东爬山廊立面图

055　西爬山廊立面图

056　后照楼

057　后照楼爬山廊

步步登高的爬山游廊是达到后照楼的二层的唯一方式。每侧爬山游廊各有 19 开间，廊上开有什锦花窗，远眺西山，景随步移。假山山体、爬山游廊、半山亭、梳妆楼这一组建筑布局设置简洁高贵，装饰苏式彩画，飞椽头饰沥粉片金卍字，檐椽头饰沥粉片金寿字，一派皇家行宫气度。

0 5 9

0 5 8　八角攒尖亭与四角卷棚歇山亭

0 5 9　东西爬山廊中腰处分别建有一座半山亭，东面的是八角攒尖亭，西面的是四角卷棚歇山亭，取“四平八稳”的吉祥寓意，达到了不对称的均衡，为建筑组群增加了富于变化的建筑元素。

垒石为山

万寿寺内有两组假山，分别是位于中路第五进院的明代假山和位于西路第六进院的清代假山。中路假山北坡山势缓和，石块铺设层次渐进错落，山上古树参天。万寿寺营建时假山后原有水塘以及大片奇株杂树，与西郊山野相得益彰，体现明代园野景观布局上的审美追求，远山近水，野趣自然。通过水池、假山、建筑和树木花草来营造空间的节奏和韵律，创造意、境和谐之美。远眺近观，无论品石看云还是憩竹啸松，处处体现追求自然、追求超凡脱俗的文化底蕴和心态。

0　6　0　　中路假山北坡

0　6　1　　“普陀山”与观音殿

山石包裹的楼阁，上为观音阁下为地藏宫，构思巧妙。

中路的明代假山

明代中晚期的园林风格继承了唐宋以来写意山水的传统，讲究山水诗、画的意境。万寿寺本就临长河而建，考虑到海淀沼泽地势及西山山脉地貌的特点，因地制宜，在方丈禅室后面攀石出土为山，山前形成三个水池，山后有一个更大的水塘。假山由青白石和太湖石堆砌，巍峨起伏，以两条蜿蜒的沟壑分隔成一高二低的三座假山，再由石桥相连，山上遍植松柏，山后临湖及几百亩园囿，加之巧借西山之景，林水环纡，虚朗敞阔。

造园布局之中的建筑是三山上各建小巧殿宇，即观音、普贤、文殊三大士殿，以及观音山下甃石为洞的地藏洞。如此一来，假山各寓意普陀、清凉（即五台）、峨眉、九华四大佛教名山。惜各殿陈设、塑像已无存，现陈列的塑像为2003年仿建。假山后原有山亭、水池各一，据载，万历十六年（1588），皇上去昌平的陵园后返回途中曾在万寿寺驻跸，还在假山的山亭里休息用膳，惜今无存。

016

063

062　“清凉（即五台）山”与文殊殿

文殊殿、普贤殿形体稍小，立于山石上，使假山不显矮小，体现了万寿寺的营造者追求“虽由人作，宛自天开”的造园美学。

063　“峨眉山”与普贤殿

0 6 4 “地藏洞”与地藏殿

假山中部甃石为洞，是为“地藏洞”，寓意“九华山”地藏菩萨道场，山洞狭窄曲折，通往地藏殿。地藏宫建在观音殿的正下方，内供奉地藏菩萨。

0　6　5　　太湖石

万寿寺中路假山初建时以青白石和太湖石堆砌，乾隆三十四年（1769），内务府总管大臣三和等人奉旨将假山上的太湖石拆下，大小共有八百六十七块，一并运往圆明园御用。同时照石山旧式，补了青白石堆做。此太湖石盖因有树根抱裹而未能移走。

0
6
6

0 6 6 明代水塘遗迹

明代水塘的岸边为人工砌石而成，环形，在万寿寺翻修庭院地面时发现。

西路的清代假山

西路行宫后照楼庭院宽敞，院内古柏参天，两侧爬山廊直上梳妆楼二层；两爬山廊中腰处东建八角亭，西建歇山敞轩，两组建筑体量相仿。后照楼及两侧假山对院落呈环抱屏蔽之势，使整个行宫的四进殿院在此形成厚重而稳定的收尾，增强了整组建筑群皇家贵胄气势。

067

068

069

067　万寿寺西路行宫后照楼两侧建假山

068

069

070

丹垩藻绘

万寿寺是皇家寺院，固然遍布官式彩画。尤其山门穹顶还有壁画。各殿彩画虽经现代重绘，目前古建筑内檐和外檐依然保存有较多典型的清代官式彩画，由于建筑性质不同，彩画样式、等级也有不同。中路主建筑群以不同等级的旋子彩画样式为主，体现了佛教大殿的庄严肃穆；东、西两路建筑主要用于皇家行宫及僧众住宿使用，所以建筑彩画以苏式包袱彩画为主，包袱心内均为花鸟、人物、建筑等题材。现存的这批老彩画图案基本清晰，形制内容丰富，基本为单披灰地仗，部分建筑外檐彩画为一麻五灰地仗。过去对于旧彩画最常见的处理就是定期重绘，因此这批彩画多为清光绪年间最后一次对万寿寺实施大修时绘制的彩画原物，虽然残旧，却是难得被保存下来的晚清绘制原物，为研究官式建筑彩画的发展提供了实物依据。

071 大雄宝殿内顶天花彩画

大雄宝殿内顶部内檐梁架及井口天花为龙锦枋心墨线大点金旋子彩画、红井口线烟琢墨岔角云六字真言心天花、轱辘云燕尾。

山门穹顶百蝠穿云壁画

山门壁画以砖墙为基础，砖的上层为地仗层，再在其上绘制壁画。壁画的绘制过程以蓝色为底，然后再在蓝底上面绘制白色钩五彩线祥云和红色钩金线蝙蝠。彩云朵朵首尾相连，成“之”字形状折行排列 8 个整行；红色的蝙蝠张翅翻飞，在云间或隐或显，共 72 只。整幅绘画以“红蝠青天”的谐音寓意“洪福齐天”，营造纳福祈寿的吉祥氛围。

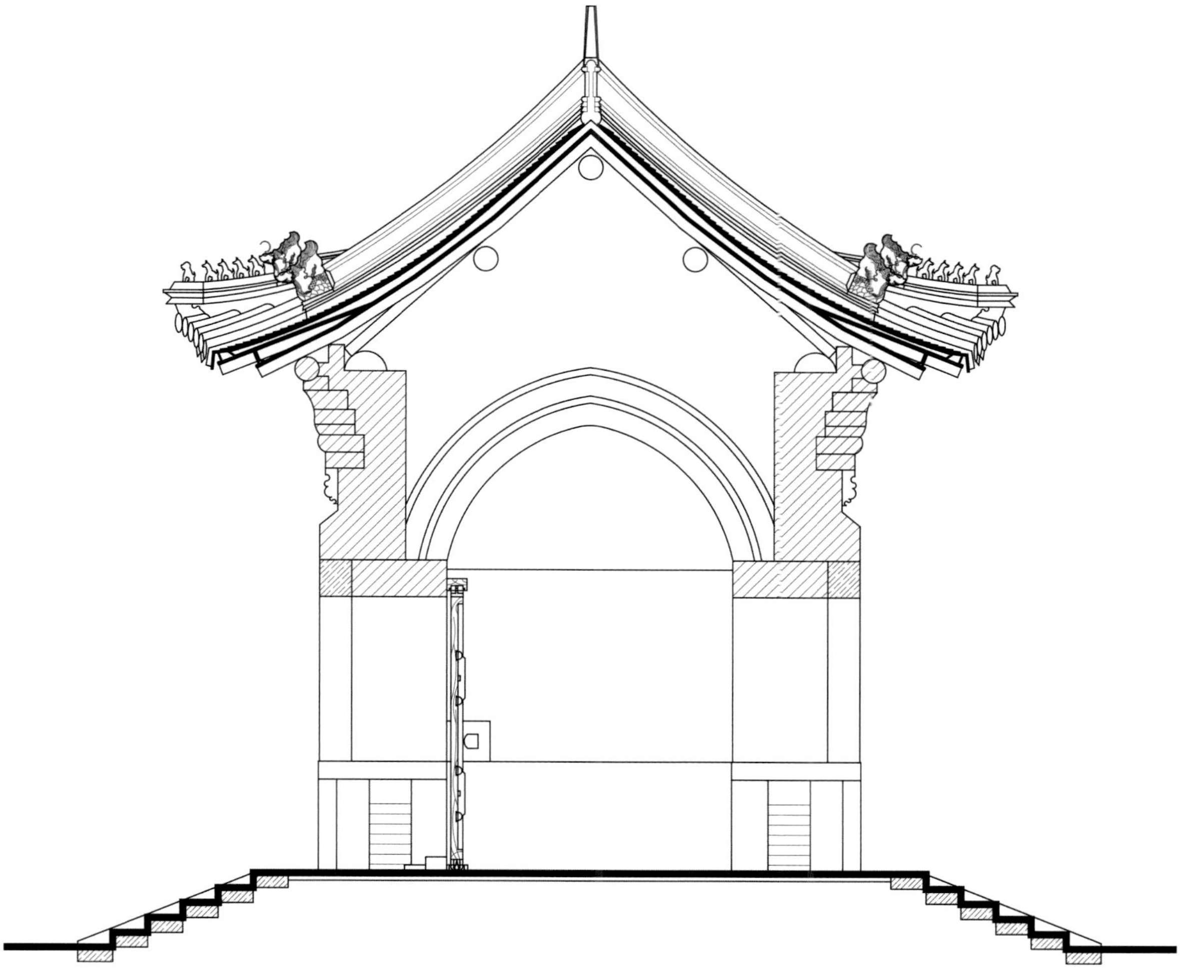

0 7 2 山门殿剖面图

0
7
3

0 7 3　山门殿券顶

保存在各处的清晚期彩画

万寿寺现存的古建筑群中除西路前正殿几厢房、回廊、垂花门和中路的万寿阁为后期复建外，其他建筑都为清代原物。2002 年除观音殿外，中路建筑外檐彩画全部进行了重绘，中路现存老彩画基本保存在各建筑内檐和外檐廊步内。均为清光绪年间最后一次对万寿寺实施大修时绘制的彩画原物。

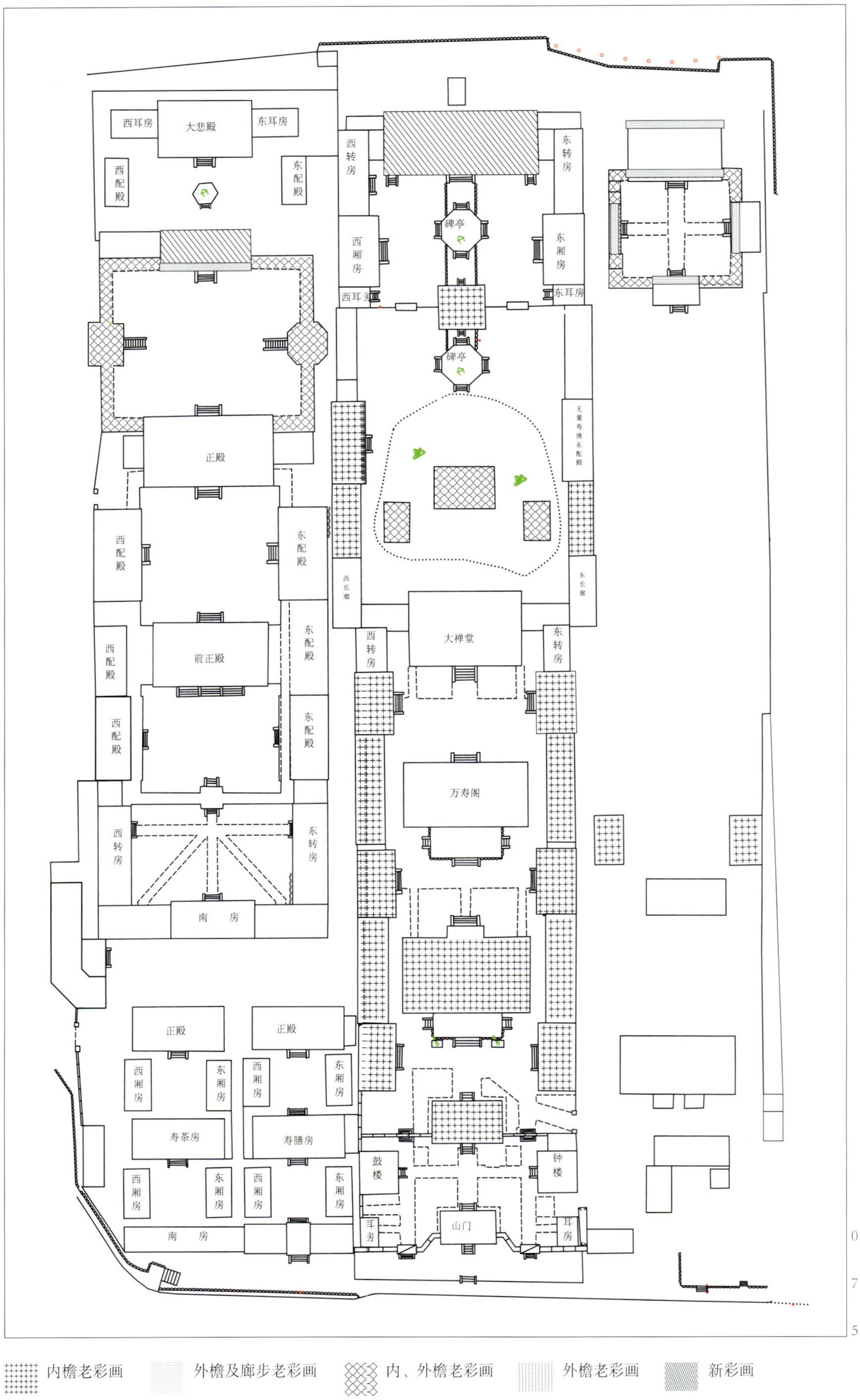

076

075　万寿寺古建筑现存老彩画位置示意图

076　大雄宝殿沥粉贴金的六字真言天花及中央变体篆书“福”字。

0 7 7 大雄宝殿彩画为金线大点金龙锦枋心旋子彩画。所有彩画大线拉晕色、大粉，金箔为98%库金。

0 7 8

0 7 9 观音殿

观音殿内外彩画自清末至今未曾被重绘过，仅做下架油饰。彩画为烟琢墨石碾玉全龙枋心旋子彩画。

079

0　8　0　观音殿后檐明间彩画

a. 飞椽头片金栀花

b. 檐椽头龙眼宝珠

c. 后檐明间上檩青箍头内画沥粉片金福寿纹

d. 活盒子内画沥粉片金坐龙

e. 勾丝咬藻头，枋心内画二金龙戏珠

f. 垫板饰半拉瓢卡池子，池子内绘博古配黑叶子花

g. 下枋绿箍头内绘沥粉片金卷草纹，活盒子内画异兽，勾丝咬藻头，全龙枋心。下枋底绘半拉瓢卡池子，内画黑叶子花配切活

a

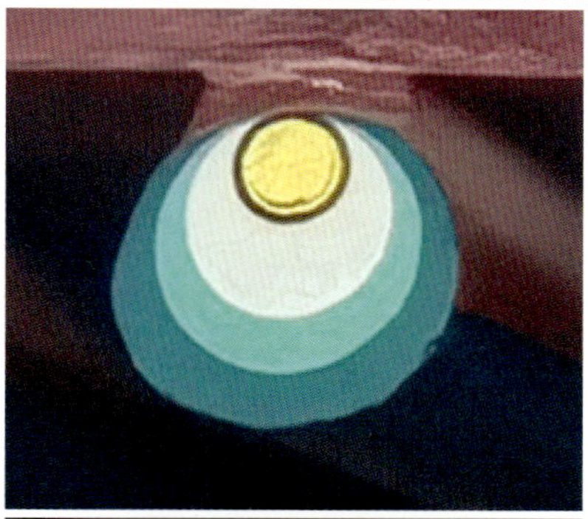
b

c

d

e

f

g

081 082

083

081 观音殿外檐清代异兽盒子彩画

082

083

084

0 8 4 观音殿外檐清代沥粉贴金二龙戏珠彩画

0 8 5 无量寿佛殿彩画

彩画为 2002 年依照原有纹样重画。为金线大点金龙锦枋心旋子彩画。所有彩画大线拉大粉，金箔为 98% 库金。

a. 二层为三踩斗拱

b. 飞椽头片金栀花

c. 檐椽头龙眼宝珠

d. 小额枋青素箍头加活盒子，内画沥粉片金西番莲；岔角内画二绿地切水芽。藻头画一整两破（两路瓣）加金道冠旋花纹，枋心画宋锦纹

e. 一层为一斗二升如意头斗拱，垫拱版饰三宝珠火焰纹贴金箔

f. 坐斗枋饰栀花降魔云纹

g. 大额枋绿素箍头加活盒子，内画异兽；岔角内画二青地切葵花草纹。藻头画一整两破（三路瓣）旋花纹，枋心画沥粉片金二龙戏珠

h. 由额垫板饰法轮草（轱辘草）

i. 明间外檐上檩做青素箍头加活盒子，盒子内画沥粉片金西番莲；岔角内画二绿地切水芽。藻头画一整两破（两路瓣）加金道冠旋花纹，枋心内画宋锦纹

a

b

c

d

e

f

g

h

i

0
8
6

0
8
7

0 8 6　无量寿佛殿内为金琢墨岔角云六字真言天花

0 8 7　无量寿佛殿藻井为团龙吐水彩画

088 乾隆御碑亭藻井彩画

089 光绪御碑亭藻井彩画

万寿寺西路行宫各建筑均为官式彩画中常见于园林的苏式彩画，以梳妆楼彩画保留最为完好，内容极具清晚期彩画的特征，由于当时的大修是为了慈禧太后的六十寿典，因此代表了这一时期的最高水平。鉴于光绪十九年（1893）时大修绘画上已经出现写生画，影响到建筑的施绘工艺，“落墨搭色”“硬抹实开”“作染”“拆垛”等工艺大量出现在彩画上，题材也由吉祥图案向写生绘画转变。包袱心基地设色为典型清晚期的“接天地”做法，借鉴西方绘画的技巧，由上至下颜色渐变的背景色更能衬托出包袱心内画题的装饰效果。

090 西路爬山游廊苏式彩画

彩画的工艺类别为典型的清晚期苏式彩画的工艺，游廊脊檩部绿地、蓝地上绘制的黑叶子花以及绿地枋部找头内花卉则使用“作染”的画法。箍头采用双联珠带万字箍头，联珠纹使用了“捻连珠”的做法，万字纹用“切活”做法。柱头用拆三兰做法香色绘梅花纹。烟云筒则采用“退晕”做法由深至浅退晕七层。

091 梳妆楼二层前檐廊步彩画

090

091

0　9　2　　梳妆楼二层第间内檐苏式彩画

苏式彩画的特点是大小额枋、垫板、桁条各枋心连为一气，构成一大半圆形，轮廓常用数层烟云叠晕而成，故称烟云包袱。包袱内部画题有花鸟、山水，绘神仙故事及采用了西洋透视的技法绘的建筑法线图。烟云包袱的两侧有外形各异的小景，曰“聚锦”。聚锦内画题种类丰富，有山水、人物、花鸟，鱼类，面积虽不大，但表现形式多样，纹饰精美。

a. 烟云包袱

b. 聚锦

a

b

b

0 9 3 祥瑞图与硬青软绿卡子

0　9　4　　福山寿海图

095

096

095 羲之爱鹅图

传闻王羲之喜爱养鹅，通过观察鹅的神态，逐渐融入其书法艺术之中，所写的鹅字一笔而过，称为“一笔鹅”。

096 踏雪寻梅图

唐代诗人孟浩然淡泊名利、寄怀于山水间，曾骑蹇驴于灞上踏雪寻梅，抒其幽兴。

097

098

0 9 7 囊萤映雪图

晋代家境贫穷、勤学苦读的贫困书生孙康冬天常利用雪的反光读书。

0 9 8 蕉叶题诗图

芭蕉叶的新叶在舒展前都是卷在老叶的叶心里，因此常被古代诗人寄寓“相思、心事”情感。比如唐代韦应物、李商隐、钱珝等诗人都曾留下蕉叶题诗的佳句。

099

099 清晚期彩画

100 经检测，万寿寺彩画使用颜料为无机矿物颜料，其中绿色、蓝色、红色三个主要颜色使用了巴黎绿、群青和朱砂。由于早期彩画蓝色颜料使用石青，巴黎绿和群青都是清晚期开始从国外进口的颜料，因此检测的结果证明万寿寺现存彩画全部是晚清绘制。以白色、黑色、金色、黄色、橙色和粉色等作为辅助色颜料，白色使用了白铅矿，黄色颜料使用了密陀僧，黑色使用了墨。颜料的胶结材料使用了动物胶。沥粉使用了高岭土和白云石混合材料，沥粉贴金使用了赤金，沥粉贴金的金层有三层之多。

100

东路方丈院、斋堂等建筑是万寿寺方丈和其他僧人打坐参禅、起居的日常用房，更具生活气息，因此包袱彩画的内容多为金鱼、燕子、花卉、草虫，表达年年有余、科举中第等吉祥祝福，相比西路要市井一些。

101 百鸟朝凤图

方丈室正门外檐彩画为包袱画心“百鸟朝凤”，喻太平盛世。

102 金玉满堂图

方丈院转角廊内檐的“金玉满堂”包袱彩画。

103 福寿双全图

方丈院穿插枋上的沥粉贴金福寿图案彩画。

104 柳燕迎春图

方丈院转角廊内檐上多见“柳燕迎春”包袱彩画。

101

102

103

104

龙像庄严

万寿寺除大雄宝殿外，其余各佛殿中的造像均已被迁往他处或拆毁。大雄宝殿中间为三世佛塑像，两侧为康熙二十五年（一六八六）自原罗汉殿移来的十八罗汉塑像；三世佛像座后倒座自在观音菩萨泥塑像（康熙二十五年增设）。大殿里的二十二尊塑像虽经清代康熙、乾隆、光绪年间亘修，彩绘泥塑却是难得被保存下来的清中期原物。

105

105 横三世佛

大雄宝殿正面供奉横三世佛，通高 5.8 米，其中佛像下石基座高 1.06 米。每尊佛像高 2.3 米，莲座高 0.57 米，背光高 4.7 米。中间一尊佛像是娑婆世界教主释迦牟尼佛，东为东方净琉璃世界教主药师琉璃光佛，西为西方极乐世界教主阿弥陀佛。贴金使用了库金、赤金、银箔、铜箔四种贴金方式，每尊佛像背光均有六拏具泥塑。

1 0 6 释迦牟尼佛

107 108 109

110

111

107 阿弥陀佛

108 释迦摩尼佛

109 药师佛

110 阿弥陀佛（局部）

111 佛像背光最上端的迦楼罗（俗称大鹏金翅鸟）与其左右的九头龙女泥塑

“六拏具”是藏传佛教中的法相装饰，顶部中央为大鹏金翅鸟，两侧向下分别为龙女、摩羯鱼、飞羊、狮子、白象。每一种形象都自有寓意。迦楼罗人面、鸟嘴、牛角，腰以上人身而有双翅，腰以下为鸟腿、爪。头顶摩尼宝珠，着璎珞臂钏。位列天龙八部，威力能降诸龙，有慈悲之相。龙女头上还有八个小蛇形头，双手合十，披璎珞，下着百褶裙，尾部生着长长的龙尾，是救度之相。

1 1 2 佛像背光上的摩羯鱼

长鼻、利齿、鱼身的形象，自隋唐传入中国后与龙的形象不断结合，到曰代演化成为“长鼻龙”。可吞噬一切，有保护之相。

1 1 3 佛像背光上的童子骑羊、狮

童子骑羊、狮的形象象征福报。羊为大角山羊，有翅膀，表示福相；狮二意为兽王，威猛而立，为护法神物，有自在之相。

1
1
3

114

115 116 117 118

119

114 罗汉塑像

115 大雄宝殿东西两侧是十八罗汉像，罗汉像均为坐姿，形态各异，衣着华丽。像高 2.3—2.8 米，基座高 1.03 米。

116

117

118

119 罗汉像局部，可见衣纹彩绘大量使用了沥粉贴金的装饰技法。

1 2 0 自在观音菩萨像

大雄宝殿背面供奉自在观音菩萨，通高 5.13 米。观音像高 1.5 米，宽 2 米；观音像下须弥座高 1.04 米，宽 2.54 米，厚 1.12 米。观音自在坐姿，位于须弥山的围绕之中。须弥山最高处达 4.645 米，以红、绿、蓝为主色调，层次渐进的镂空山体，既美观又不影响结构强度。须弥山上有一横梁，通过四根斜拉梁将其固定在背部木墙上，又有两侧的立柱来支撑，立柱表层塑有泥质胎体。横梁上吊有 7–9 个垂下的“岩石”，悬于观音像前上方，构思巧妙。

御碑纪事

万寿寺目前保存有清代御制石碑六（其中一残）通，分别位于大雄宝殿月台前、御碑亭中、大悲殿前。

121

121 乾隆御制金刚经塔碑碑首

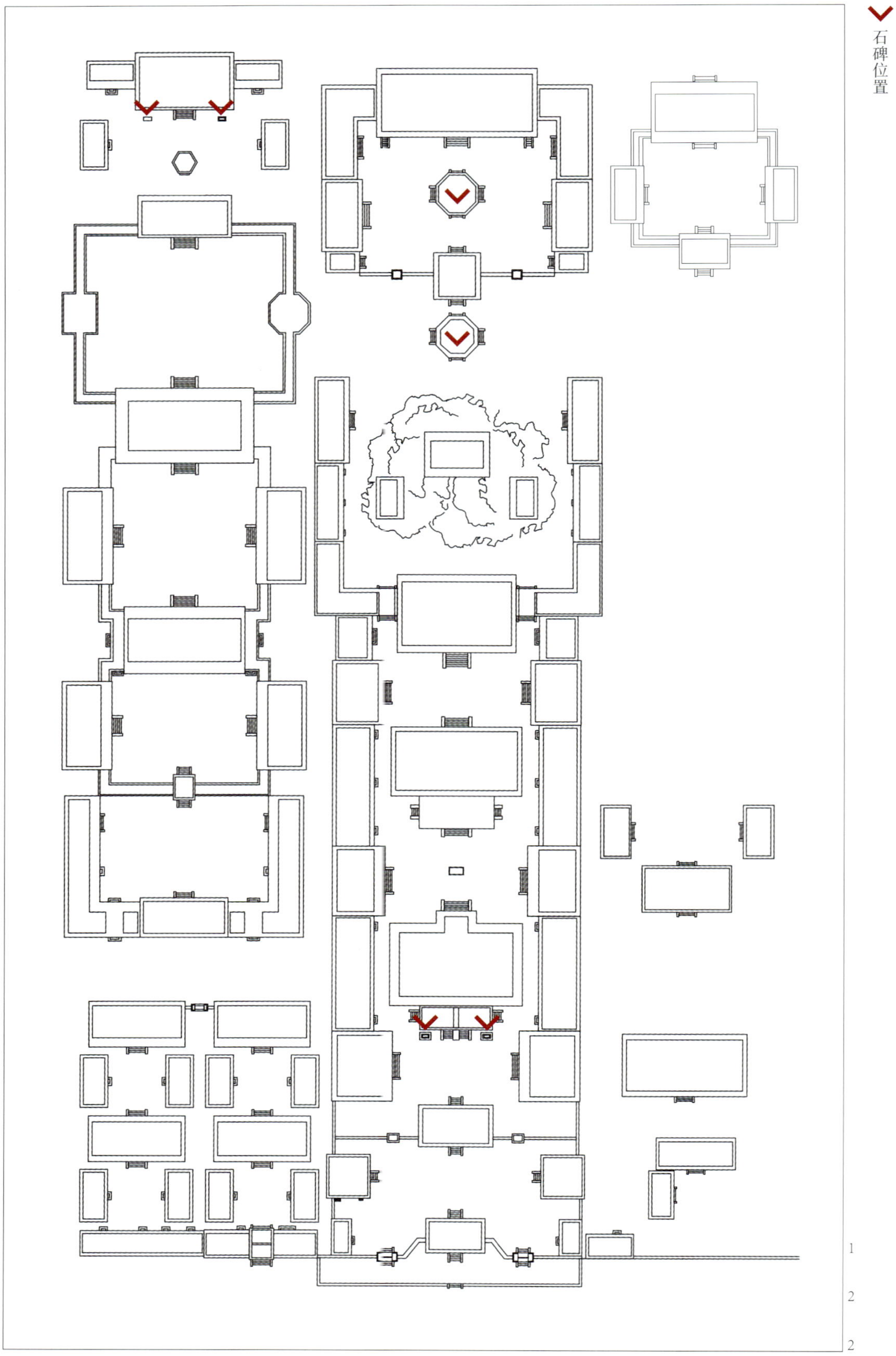

1 2 2

1 2 2 万寿寺现存御制石碑位置图

御制满汉蒙藏合璧敕修万寿寺碑

敕修万寿寺碑位于北京艺术博物馆大雄宝殿前东西两侧，为乾隆十六年（1751）清高宗为庆祝皇太后六十岁寿辰，下令修缮万寿寺时所敕立。东、西两侧碑碑阳分别以满汉、蒙藏文字书写碑文《敕修万寿寺碑记》。

乾隆五十二年，已经76岁的乾隆皇帝到万寿寺拈香礼佛，当他看见万佛阁三圣殿内屏风上为祝皇太后七十寿辰，亲自撰写的《御制恭祝慈宁万寿颂文》时，触景伤情，作“万寿寺瞻礼”诗一首。后被镌刻于大雄宝殿前西侧石碑碑阴。

四年之后的乾隆五十六年，恰值崇庆皇太后诞辰一百年，乾隆皇帝乘龙舟又路过万寿寺。这一次，他特意停舟，进入寺内拈香礼佛，悼念母亲。回想起二十年前在此为崇庆皇太后举行八十祝寿典礼的情景，心中无限感伤。作“万寿寺瞻礼有感”一诗，这首诗后被镌于大雄宝殿前东侧碑的碑阴，这是乾隆皇帝留给万寿寺的最后墨迹。

1
2
3

1　2　3

御制满汉合璧敕修万寿寺碑

清乾隆十六年（1751）仲冬吉日立，碑螭首方座。首身高 358.6 厘米，宽 110.4 厘米，厚 60 厘米。方座高 97.8 厘米，宽 159 厘米，厚 84 厘米。石碑位于大殿东侧。额篆满汉文“御制”，碑阳首题“敕修万寿寺碑记”，满汉合璧，记述乾隆十六年修缮万寿寺以庆祝皇太后六十寿辰情况；碑阴刻乾隆五十六年“万寿寺瞻礼有感”诗文。

1 2 4 御制满汉合璧敕修万寿寺碑方座正面

方座四面浮雕海水江崖云龙纹。

1
2
5

1　2　5　御制满汉合璧敕修万寿寺碑方座侧面浮雕云龙虽有多处脱落，但清晰可见其右后肢向后猛蹬，右爪踏在山峰之上；左后肢向怀中收敛，左后爪紧握山崖。由于“海水江崖”图案象征国土疆域，故而力道遒劲的龙爪踏、握江山，彰显了皇权执政的坚定稳固、独步天下的信念。

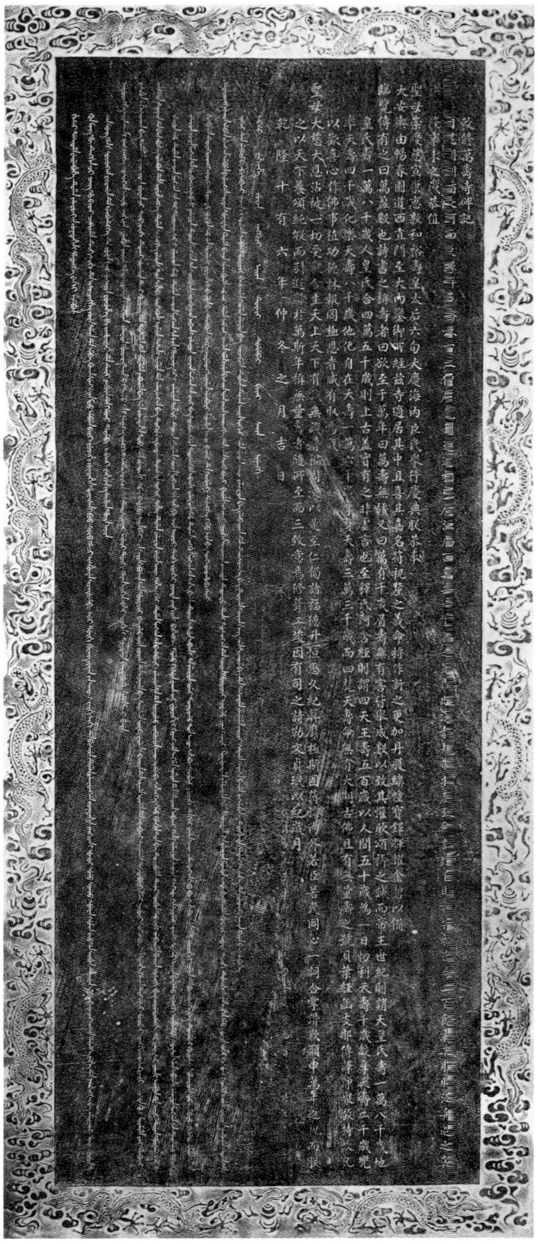

1 2 6 御制满汉合璧敕修万寿寺碑碑阳拓片

碑阳从左至右书写满文 12 行，汉文从右至左 12 行。碑文系大学士梁诗正书，内容主要有三层含义。首先，叙述了万寿寺所处的优美地理环境，“自昆明湖循长河而东，缘岸多乔林古木，僧庐梵刹远近相望。广源闸西万寿寺实为之冠，宏敞深静，规制壮丽。”阐明修缮万寿寺的原委，“喜其嘉名符祝釐之义，命将作新之”，修缮后的万寿寺‘绣幢宝铎，辉耀金碧”。然后，阐述佛教诸天、无量寿涵义，“至释氏《阿含经》则谓四天王寿五百岁，以人间五十岁为一日。忉利天寿千岁，焰摩天寿二千岁，兜率天寿四千岁，化乐天寿八千岁，他化自在天寿一万六千岁，摩身天寿三万三千岁，而四梵天寿命无有大期，古佛且有无量寿之号。”在碑文最后，歌颂了皇太后功德，“我圣母大慈大恩，沾被一切，受气含生，天上天下，有识无识，普遍周浃。以是至仁，备诸福德，升恒悠久，纪算靡极”，“斯固薄海内外，若臣若民，同心一词，合掌赞叹，愿申万年之祝”，整篇碑文表明了乾隆的孝子之心，对其母孝圣宪皇太后的深厚感情。

碑身满文与汉文基本意思差异不大，个别词汇及语句有细小差异。相较而言，汉文表述更加清晰流畅。“人皇氏合四万五千岁”，“摩身天寿三万三千岁”在满文中并没有翻译，其原因还不得而知，有待于与蒙藏碑文比较，进行进一步研究。（张杰撰写）

萬壽精藍歷
大慶每斯
八袠祝釐憶
期頤無望值
得大攀　慶典則
壽后欲矣竟成虛願
悵然　萬壽
乾隆辛亥

六

御制满汉合璧敕修万寿寺碑碑阴拓片

1 2 7 御制满汉合璧敕修万寿寺碑碑阴拓片

作于乾隆五十六年（1791）。全文如下：

万寿精蓝历久传，庄严大庆每斯虔。

玉河途便停清跸，金界暇乘礼法筵。

八秩祝釐忆昔岁，期颐无望值今年（昔年每逢辛岁，慈宁大庆于此祝釐。回忆辛卯八旬展庆，犹在目前。若至今岁辛亥得大举庆典，则为慈寿百龄矣。竟成虚愿，曷胜怅怀）。

固知一切有为幻，幻里仍增意怅然。

万寿寺瞻礼有感作

乾隆辛亥清和下澣御笔

左下角钤："八征耄念之宝""自强不息"两方印章 （张杰撰写）

128

128　御制蒙藏合璧敕修万寿寺碑

乾隆十六年（1751）仲冬吉日立，碑螭首方座。首身高 363.2 厘米，宽 109 厘米，厚 49.7 厘米。方座高 102 厘米，宽 150 厘米，厚 78 厘米。石碑位于大殿西侧。额篆满汉“御制”，碑阳面首题“敕修万寿寺碑记”，蒙藏合璧，记述乾隆十六年修缮万寿寺以庆祝皇太后六十寿辰情况；碑阴刻乾隆五十二年（1787）御制诗文，方座四面浮雕海水江崖云龙纹。

1 2 9 御制蒙藏合璧敕修万寿寺碑方座侧面浮雕

上部高浮雕云龙赶珠纹，底部浮雕海水江崖。宝珠圆满，烈焰腾腾；飞龙刚劲，精神烁烁。飞龙的左后爪紧紧抓住江山，霸气十足，志得意满，具有乾隆朝国运昌盛、江山稳固的时代特征。

130

1 3 0 御制蒙藏合璧敕修万寿寺碑记碑阳拓片

碑阳左为蒙文，右为藏文，文字内容应与东侧碑文内容一致。

邇歲參斷
眺初地況
俗形佛厭
柏慈
望祝
眼頌書屏
倍弥除
感慕
乾隆丁

六

御制蒙藏合璧敕修万寿寺碑碑阴拓片

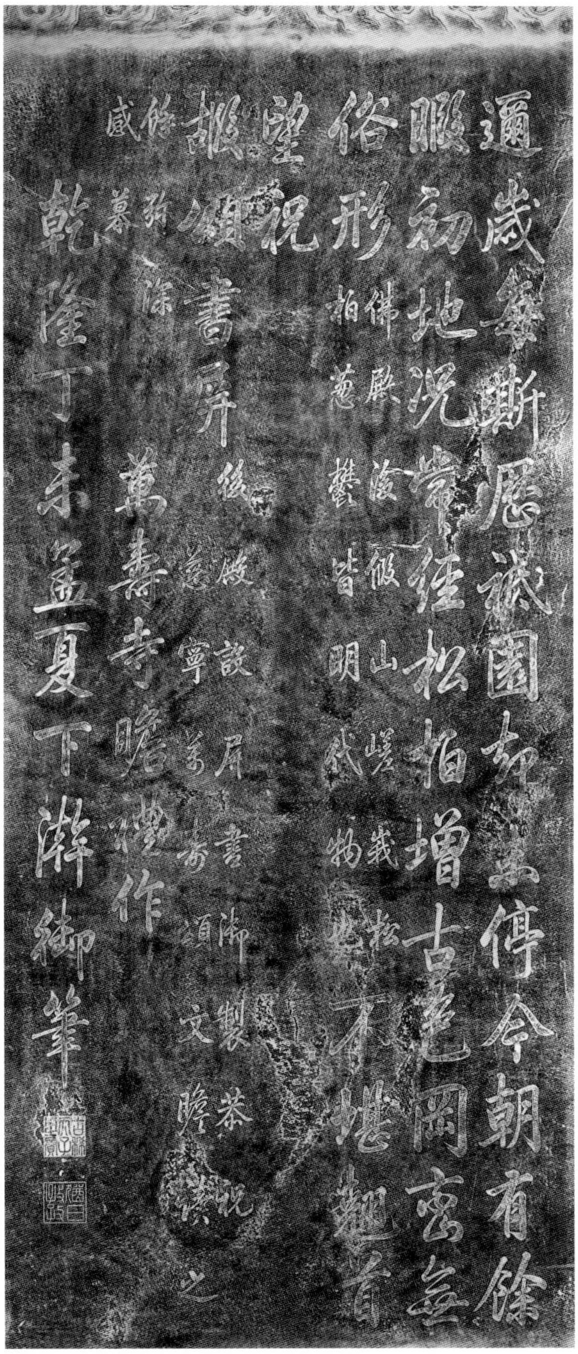

131

131　御制蒙藏合璧敕修万寿寺碑碑阴拓片

作于乾隆五十二年（1787）。全文如下：

迩岁每斯历，祇园却未停。

今朝有余暇，初地况常经。

松柏增古色，冈峦无俗形（佛殿后假山嵯峨，松柏葱郁，皆明代物也）。

不堪翘首望，祝嘏颂书屏（后殿设屏书《御制恭祝慈宁万寿颂文》，瞻读之余，弥深感慕）。

万寿寺瞻礼作

乾隆丁未孟夏下澣御笔

左下角钤："古稀天子之宝""犹日孜孜"两方印章　（张杰撰写）

重修万寿寺碑位于万寿寺假山后乾隆御碑亭内，系乾隆二十六年（1761），为庆祝其母亲崇庆皇太后七十岁寿辰时所敕立的。乾隆皇帝亲自撰写碑文。以汉、满、蒙、藏四种文字刻写，碑阳为汉、满文字；碑阴为蒙、藏文字。此碑装饰华丽，不仅碑身边框浮雕一周二龙戏珠纹，碑两侧也高浮雕有腾龙纹，龟趺座下承有浮雕海墁石，外有黄琉璃瓦八角碑亭护持，地位尊贵，昭显皇帝为皇太后祈祷长寿，为国民祈福之诚意。

1
3
2

133 134

135 136

132　御制满汉蒙藏合璧重修万寿寺碑

乾隆二十六年（1761）十一月立，碑螭首龟趺，下承海墁。螭首身高 396.4 厘米，宽 114 厘米，厚 45 厘米。龟趺长 308 厘米，高 102 厘米，宽 120 厘米。海墁长 271 厘米，宽 228 厘米。额篆满汉文“御制”，碑阳面首题“重修万寿寺碑文”，满汉合璧，记述乾隆二十六年大修万寿寺以庆祝皇太后七十寿辰情况；碑阴书蒙藏文字。

133　御制满汉蒙藏合璧重修万寿寺碑海墁

134

135

136

1 3 7 御制重修万寿寺碑阳拓片

碑阳从左至右竖书满文 20 行，汉文则从右至左竖书 20 行，满、汉文字合于碑刻中央，文字下方钤印清高宗两方印章“乾隆宸翰”及“惟精惟一”。碑文内容主要是为皇太后祈祷长寿，也有为国民祈福之意。

碑文汉文辞藻华丽，文采斐然，体现了乾隆帝较高的汉文化修养。汉文引经据典，尤其是大量佛教术语及典故的运用。如若没有佛教宗教修养，晦涩难懂，而借助满文则有助于对碑文的理解。相较于汉文，满文碑文有以下特点。

其一，满文语意流畅，词汇简明，逻辑紧密，更易于理解。例如：汉文碑文“调御大能仁”中“大能仁”，满文直接表述为 ineku jihe fucihi（如来佛）。“昆舍拘留展”、“迦叶那含阐”中对昆舍、拘留、迦叶等以梵音音译。

其二，在不影响语意表达的基础上，满文适当删减了对应的汉文部分，使之更符合满语的表达习惯。如“跻之春台，是用大介”“丹垩即工”“何以加兹”“寅承敢后”“玉烛平潦旱”“净域归重趼”等语句在满文碑文中没有体现。

其三，对部分汉文进行意译。例如，“越大蒙疏逖賀爽”lakcaha jecen i geren aiman be gemu nirugan dangsede dosimbufi 满文意思为“使边远的边疆各部全都进入版图”，再如“不啻偃修罗之弓戟而亭以慧云，沃以法雨”jergi aiman ci aname gemu ishunde afandure wandure be nakabufi yooni sabingga tugi i elbeme ferguwecuke aga i samebume biretei umesi sebjengge gurun de isibuhangge 意即“使各部之间停止互相攻杀”。“慧云”“法雨”则表述为 sabingga tugi 及 fewergvcuke aga 即“祥云”“瑞雨”。又如“载稽撰日”满文 toktobuha inenggi be saniyabume 意为“把规定的日子延展”，乾隆勤勉于政的形象呼之欲出。

其四，满、汉文表达有不符之处。例如，“向者东南耆耇”句中“东南”一词应该指方位，即地理位置上的东南方向，“东南”满文却表述为 shandung giyangnan（山东、江南），并没有用满语中对应的方位词 dergi“东”以及 julergi“南”。（张杰撰写）

138 御制重修万寿寺碑阴拓片

碑阴从左至右竖书蒙文 20 行，藏文则从右至左竖书 20 行，文字下方钤印清高宗两方印章“乾隆宸翰”及“惟精惟一”。碑文内容主要是为皇太后祈祷长寿，也有为国民祈福之意。

清代多种语言合璧碑具有非常特殊的意义。作为中国历史上疆域空前辽阔的王朝，清朝从乾隆中期开始正式形成了满、汉、藩部（包括蒙古、青海、新疆、西藏）的三层支配体系。清朝如何能维持这一庞大的多民族国家的统治，其合法性又必须得到以上满、汉、藩三大族群的认可。清代君主塑造了自己多重身份：满洲人的汗、汉人的皇帝、蒙古人的博格达汗、藏民的曼殊室利。各种宗教、祭祀等场所的碑刻就是这一理念的具体表现，研读这些碑刻有助于深入了解清代君主的多重身份及其对多元国家的统治策略。（张杰撰写）

“重建万寿寺碑”位于万寿寺中路第七进院落，万佛楼前光绪御碑亭内，光绪二十年十月（1894 年 11 月），为庆贺慈禧皇太后六十岁寿辰所敕立。

140

1 3 9 御制满汉合璧重建万寿寺碑

光绪二十年（1894）十月立，碑螭首龟趺，下承海墁。首身高 386.9 厘米，宽 122.5 厘米，厚 43.5 厘米。龟趺长 300 厘米，高 96 厘米，宽 132 厘米。海墁长 299 厘米，宽 245 厘米。额篆“御制”，碑阳面首题“重建万寿寺碑文”，满汉合璧，记述光绪二十年大修万寿寺以庆贺慈禧皇太后六十寿辰情况。

1 4 0 龟趺侧面雕天马行空纹饰

1 4 1

1 4 1　御制重建万寿寺碑碑阳拓片

碑心七尺三寸五分，宽二尺五寸四分（俱营造尺）。碑身阳面从左至右书写满文12行，从右至左书汉文12行，立碑时间为“光绪二十年岁次甲午十月吉日”。书写形式上，凡遇“皇太后、高宗、慈禧、懿旨、皇太后、圣母、慈圣”等词均抬两格书写，文中“万寿山、颐和园、清跸、御舸、成宪、天、銮车、一心”等字词空抬书写，示以尊敬，满文亦然。

碑文由户部尚书翁同龢撰写，内容主要分为两部分。第一部分为“引言”，叙述重修万寿寺的原委，“壬辰癸巳之岁，万寿山、颐和园告成，皇太后以春秋令日”，“寺为乾隆中一再修建，高宗纯皇帝御碑纪事，谓嘉名符祝釐之义，特敕将作葺而新之”，“维兹寺宇为慈圣所瞻礼，且成宪具在，敢不恪遵。于是阤者举之，驳者饰之，鼛鼓不劳，轮奂斯美”。但是，为国计民生考虑，万寿庆典罢臣工进献，并发内帑救助穷苦百姓。第二部分为碑铭，也是碑文主体。碑铭为四字骈文体，主要歌颂光绪年间的政绩，“大圆洪覆，元德曰仁，大慈体之，育物济民”，“八垠水旱，萃于一心，朝闻夕发，飞粟捐金。下逮肖翘，靡物不被，出世救世，莫大于是”，“东南不靖，六师奏功，出彼水火，煦以雨风”。碑文不乏对慈禧皇太后的溢美之词，赞美皇太后“与天同符，与佛同性”，碑铭末尾为皇太后以及国民祈福“佛无量寿，圣无量寿，寿世寿民，亿祀悠久”。

光绪九年十一月（1883年12月），清东南沿海地区爆发了中法战争，是由法国侵略越南进而侵略中国而引起的一次战争。此次战争历经两年，至光绪十一年二月（1885年4月），中法签订停战协议。据内务府档案记载，“重建万寿寺碑文”完成于光绪十九年（1893），即甲午海战爆发的前一年。中日甲午战争爆发于光绪二十年六月（1894年7月），战场主要在北方海域，以清军全败而告终，光绪二十一年三月（1895年4月）签订《马关条约》。因此，碑铭中提到的“东南不靖”，应该系指中法战争。此次战争中，双方互有胜负，清军曾取得“镇南关大捷”，碑文中“睠是蛮方，龙蛇起陆，我武既扬，兵销弓韣”，很可能是指此次战事。

相较于乾隆十六年敕建万寿寺碑、乾隆二十六年重修万寿寺碑，光绪二十年碑文内容、文字相对简洁，少了乾隆盛世洋洋洒洒的文风与气势；书写文字由满汉蒙藏四体转变为满汉两体；碑文中的满文音译词亦没有乾隆年间规范，从一侧面反映了清朝日渐衰落的国势。

（张杰撰文）

乾隆御制金刚经塔碑

乾隆御制金刚经塔碑位于万寿寺西路大悲殿前东侧，原西侧石碑已损毁，内容与东侧相同。

142

142　乾隆御制金刚经塔碑

清乾隆二十五年（1760）敕立。碑螭首方座（残修）。螭首身高 326.3 厘米，宽 120 厘米，厚 50.8 厘米。方座高 100 厘米，宽 156 厘米，厚 80 厘米。石碑位于万寿寺西路大悲殿东侧。额篆“御制”，碑阳上方从右至左首题篆书“乾隆御制金刚经塔”。

1
4
3

乾隆御製
妙經墖

乾隆御制金刚经塔碑拓片

143　乾隆御制金刚经塔碑拓片

纵 227 厘米，横 124 厘米，碑刻中央为满布经文的七级浮图。塔分为塔基、塔身、塔刹三部分，塔身每层檐角悬铃及经幡各一对。经幡灵动飘逸，顶部与如意宝珠相连，其上分别对书“南无毗卢遮那如来、南无释迦牟尼如来”“南无不空成就如来、南无宝王如来”“南无阿閦毗如来、南无阿弥陀如来”“南无善观世音菩萨、南无文殊师利菩萨”“南无持地菩萨、南无手持菩萨”“南无普贤菩萨、南无弥勒菩萨”“南无虚空藏菩萨、南无除障碍菩萨”诸佛号。

以塔为媒书写经文，最早出现于唐朝敦煌文书中，这种形式发展到北宋更为成熟，而至元明此风不衰。此碑将《金刚经》与佛教象征物——佛塔巧妙结合，慧心巧思，雕工精湛，具有旨在表达顶礼者不忘佛陀教诲和集积功德等涵义，是不可多得的佛教题材石刻珍品。

（张杰撰文）

144

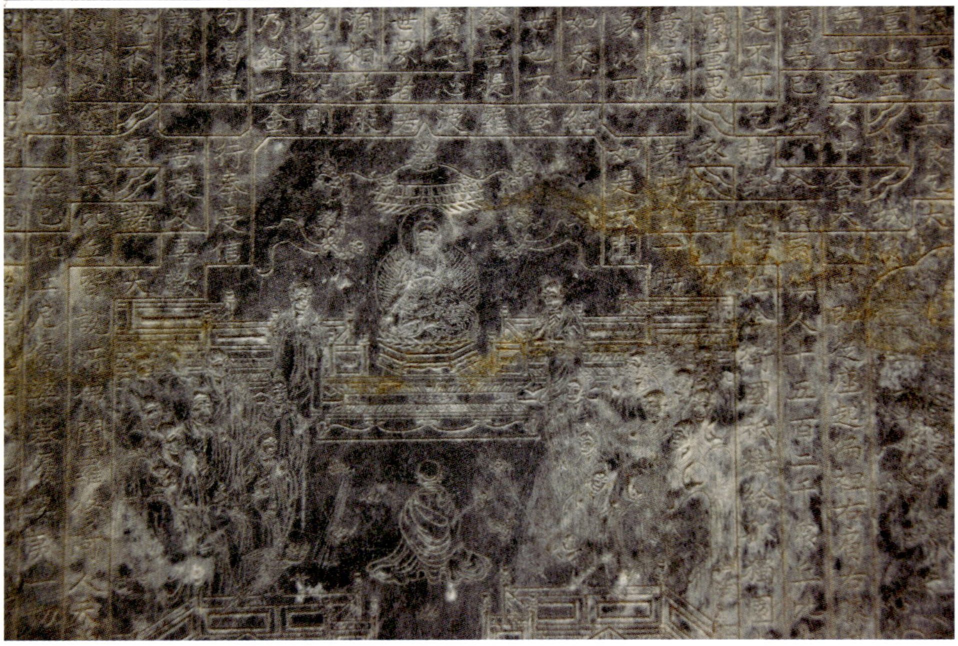

145

1 4 4 乾隆御制金刚经塔碑（局部）

1 4 5 全塔楷书《金刚经》文，据《皇朝通志》载，为乾隆帝于乾隆十八年（1753）亲笔御书。塔身每层栏杆各有六个望

1 4 6 柱，柱顶各书一“佛”字。每层塔身正中为释迦牟尼的不同说法相。其中第一层为佛陀十大弟子之一的须菩提

1 4 7 向端坐于莲花座上的释迦牟尼问经跪听之情形。释迦牟尼结跏趺坐，右手作说法印，左右两天王侍立，众弟子

环立两侧，众人物刻画细致传神、栩栩如生。塔门门楣自左向右横书“金刚般若波罗蜜经”，塔门内侧，佛陀左方为经文之始“如是我闻”，右方“信受奉行”为经文结束。“金”与“行”字相接，“经”与“如”字相衔，首尾并对，起结贯通。

碑刻左下角钤“如是观”“欢喜园”“乾隆宸翰”印。

《金刚经》全名《金刚般若波罗蜜经》，是佛教的重要经典，通篇讨论众生空和法空的智慧。“金刚”指最为坚硬的金属，喻指“般若”如金刚一样锋利无比，能破除世间一切虚妄与烦恼，按照此经修持能让人悟透佛道智慧，脱离欲界、色界、无色界而到达苦海彼岸。经末偈文“一切有为法，如梦幻泡影，如露亦如电，应作如是观”为经文的点睛之笔，即世间一切皆空幻不实，应破除一切名相，方能得清净之心。《金刚经》文字精练，思想深邃，是超越宗教的大智慧。（张杰撰文）

146

147

美石长辉

作为建筑构件，敦实厚重镌刻精美的石雕，在万寿寺的重要位置均可见到：有刻凿文字的御制石碑、门额；有雕饰宗教图案，彰显建筑尊贵的中道阶石；有山门殿和金刚殿的券门券窗；有雕凿华丽，配比厚重，发挥加固稳定作用的经幡夹杆石；有造型独立，纹饰新奇，作为庭院家具的石供台；还有目前已在原址消失，但从残件即可窥高贵的栏板残件……一件件精美的艺术佳作，在承载皇权审美规制的同时又展现精湛的雕刻工艺，是皇家寺院不可或缺的组成。

1 4 8 石供台束腰

须弥座形夹杆石

山门内东西两侧有两根巨大的经幡杆，通高 11.7 米，高大坚实，能挑起经幡等物，在强风吹动下，需有大型夹杆石或基座将木杆下部固定，才能达到稳定效果。万寿寺的一对经幡夹杆石基座位于中路一进院山门殿东西两侧，为六角须弥座造型，高 1.36 米，宽 1.6 米，有铸铁抱箍将石座与木杆合围防止移动。

149

150

149 《崇庆皇太后六旬万寿图》和《香林千衲图》（局部）

150 在乾隆十六年（1751）、二十六年两次万寿庆典中都有对万寿寺张挂经幡的描绘。

151

151 独木经幡杆与青白石基座

1 5 2 须弥座形夹杆基座

高 136 厘米、宽 160 厘米。上枋六个面，每边长 80 厘米，各浮雕一组二龙戏珠海水江崖纹；上、下枭为仰覆莲瓣；束腰浮雕祥云升龙，每边长 67 厘米，高 19 厘米；转折处有玛瑙柱，下枋饰演化金刚杵纹。圭角厚重，高 25 厘米，雕如意云纹。

1 5 3 夹杆石局部“二龙戏珠海水江崖”浮雕以及铸铁抱箍

1 5 4 须弥座束腰

上、下枭为仰覆莲瓣，硕大饱满。束腰浮雕祥云升龙，云气缭绕，具有典型的明代雕刻风格。

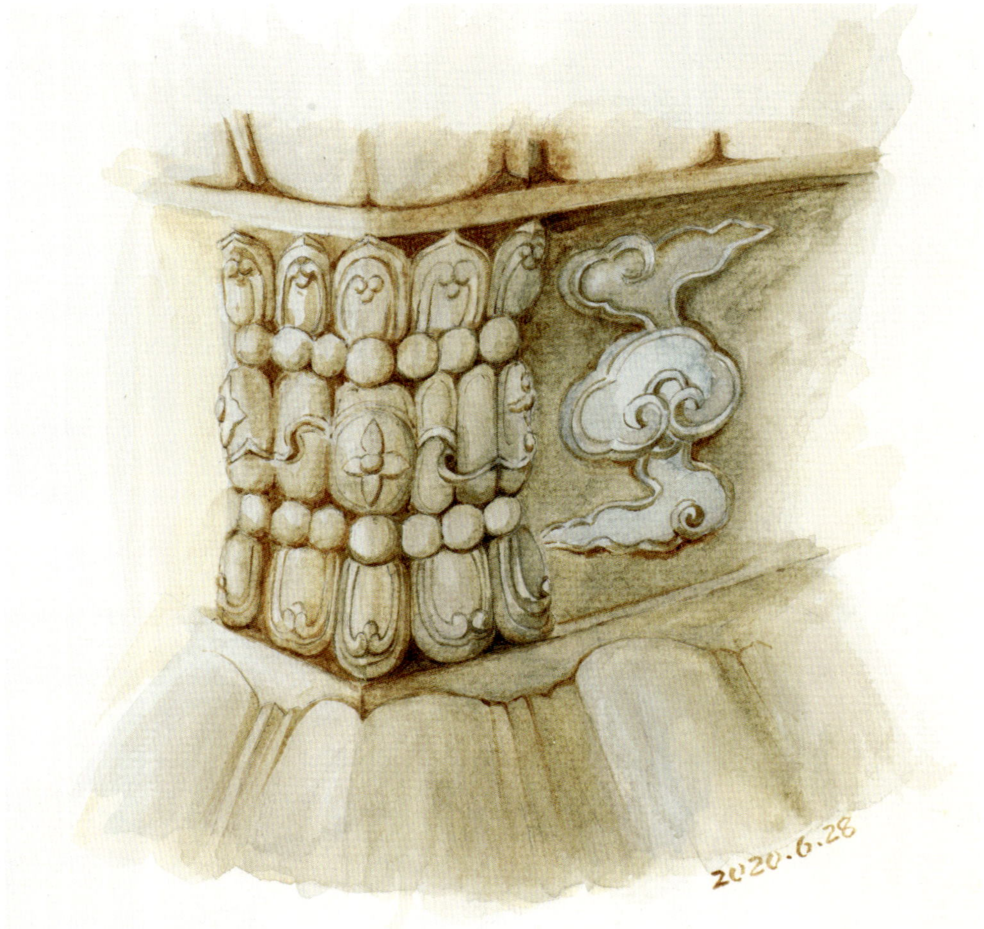

155

155 须弥座玛瑙柱子

玛瑙柱也称马蹄柱子，是须弥座转角处的一种常见装饰，以连珠将柱体分成三段，上下为仰覆莲瓣，中间是鼓形面上再浮雕椀花结带。

拱券形石窗

虽然万寿寺是木结构建筑群，但部分建筑的门窗采用汉白玉材质构件，如石券、券窗，并在石材表面如券脸、窗格等部位，雕刻各种花饰图案进行装饰。这些石构件主要应用在山门殿、钟鼓楼以及天王殿。

156

156 汉白玉券窗

花窗为浮雕双交四椀菱花图案，棱条正交；窗券正中雕饰火焰珠纹，侧面雕饰如意祥云纹。

157

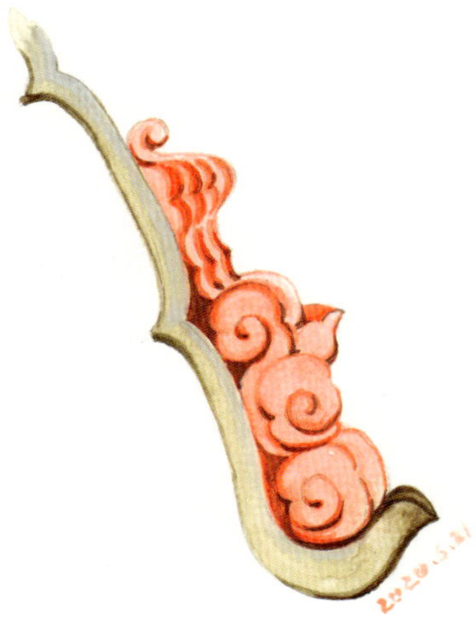

158

157　宝珠火焰纹

158　祥云纹

中道阶石

大雄宝殿月台台阶中间铺有中道阶石一块，青白石质地，长216厘米，宽123厘米。采用浮雕技法，在一周宽14厘米的边框内雕缠枝纹，底部正中缠枝交汇处雕三座山崖；边框内按三列错位满雕十朵缠枝莲花，花心各异，有摩尼宝珠、方胜、三环套月、银锭、灵芝、古钱、珊瑚、犀角、两卷书、火焰宝珠，底部雕海水江崖图案，寓意五湖四海王大光明，民富国强太平世界。惜岁月的涤洗导致表面略有风化。

2020年8月20日，北京艺术博物馆在万寿寺中路进行消防水改造工程时，于万寿阁正南偏东2米、深1.2米处发现另一方中道阶石，经多方考证，是万寿阁月台的原装中道阶石。青白石质，长216厘米，宽126.5厘米，厚34厘米，由于长期埋于地下，图案清晰完好。石雕图案与大雄宝殿前的一模一样，可谓一对“双胞胎”作品。

159 大雄宝殿中道阶石

1 6 0

1 6 0　万寿阁中道阶石

石供台

万寿阁前安置一长方须弥座形石供台，雕刻精美华丽。作为一件“家具”除了在大型庆寿活动中用来摆放用品，平日以石刻的沉稳、石雕的华美、石质的自然灰白之色点缀在庭院内，与松柏树木相得益彰，一动一静间体现出审美的高雅。

1 6 1

1 6 1　石供台

仿须弥座造型，青白石质地，高 122 厘米、宽 133 厘米、长约 266 厘米。须弥座北面上枋雕云鹤、龙纹，两侧南面上枋雕缠枝莲花，上下枭各雕一周仰覆莲瓣，每个莲瓣上浮雕一枝小花，花型各异。北面束腰雕身着西域服装的胡人献宝图。两侧束腰各雕一只披发狮子，南面束腰雕聚宝盆等祥瑞，束腰转折处为玛瑙柱子。下枋部位高浮雕缠枝莲花。素线卷云圭角。

162 163

164

162 上下枭的莲瓣上均浮雕一枝小花

163

164

165

166

165 束腰侧面雕饰披发狮子

166

167

1　6　7　石供台顶面纹饰

供台顶面为长方形，表面雕刻簇六填花毬路纹，用意为模仿一块织锦铺在台面上。“毬路纹”是一种圆环相套、相连展开的几何纹，“簇六”即为六个圆为单元，“填花”指在圆形相交中间的空隙又点缀各种杂花。这种古老的几何纹饰，很早就在古埃及及古代中亚地区流行，异域文明经丝绸之路传播而来到中原，连绵不断的纹饰被赋予了中国传统吉祥文化，寓意繁华似锦绵延不断。风格优美。

1　6　8　石供台顶面纹饰（局部）

1 6 9　石供台北面束腰雕身着西域服装的胡人献宝图

1
6
9

170 胡人献宝图

171

172

173

171

172

173

宝树盘结

北京西郊海淀，在明代沼泽遍布，植被茂盛。长河沿岸，更是遍布乔林古木。独特的地理条件，是造园最理想的地方。无论万寿寺创建之初，还是清代历次大修维护，对树木的栽种也是极为在意。院内山、水、树木的营建是寺院与外界景观的联系和延伸，也是营建山水画般寺院的主题手段。目前，万寿寺内还生长着四十七棵一百、三百年以上树龄的古树，虽然万寿寺外苏州街已经成为车水马龙的三环路，西山也早被高楼阻挡不见，只有这些古树忠诚地守护着寺院建筑，生生不息，清寂安详，给古刹带来四季变换的风光。

1 7 4　天王殿前东侧为国槐，编号 110108011959，树龄 340 岁。

175　天王殿前西侧楸树，编号 11010801981，树龄 300 岁，每年春季依然花满枝头。

1
7
6

1　7　6　　天王殿后侧柏，编号 11010801958，树龄 360 岁。

177

177　国槐

位于万寿寺西路南门外，编号 11010801966，树龄 400 岁。

1 7 8 万寿寺中路假山上目前还有 7 株古侧柏，树龄 220—370 岁不等。它们与山石走势相辅相成，有中国山水画的高远意境。

1
7
9

1　7　9　　银杏

假山后部东西两侧的两棵银杏树栽种于康熙二十五年（1686）。图为东侧雄树，编号 11010801962。另一株雌树在假山的西侧，编号 11010801963。

1　8　0　海棠树

西路行宫垂花门前，栽植有 13 株海棠树，树冠硕大，树胸径粗壮，经鉴定为树龄 100 至 300 年之间，定为二级古树，编号 1:0101B06821)110101B06833。每到初春，院内繁花烁烁，粉黛英华，因此得名海棠院。

1987 年 8 月，北京艺术博物馆在万寿寺成立并对外开放。博物馆以弘扬中华文化传统，研究、保护、传播我国艺术文明为宗旨，兼容推动现当代艺术的交流与发展的职能，经过三十余年的营建，发展成为北京市级公益一类博物馆，收藏各类艺术品十二万件，其中尤以明清时期的藏品蔚为大观。藏品门类涉及书画、碑帖、织绣、陶瓷器、玉石器、青铜器、竹木牙角漆器、钱币、印章、家具等各中国传统艺术领域。除古代艺术品外，馆内还收藏了吴昌硕、齐白石、张大千、徐悲鸿等近现代中国艺术大师的传世之作。此外，以日本绘画及工艺品为主的外国艺术品收藏是北京艺术博物馆的一大特色。2011 年，北京艺术博物馆接收了北京毛家湾出土瓷器残件及瓷片、龙泉务窑遗址出土遗物共计 2000 余箱计 30 万片。

2017 年 1 月，在万寿寺建立并开放了 28 年、接待了 378 万游客的北京艺术博物馆闭馆修缮。这是万寿寺历史上的第五次大规模修缮，历时五年，不仅修缮了 300 余间古建筑，还拆除了多处临建房屋、居民房屋，恢复了万寿寺古建筑的格局。相较前四次庆寿祈福的修缮目的，新时代的我们则是以保护好历史文物、传承好文化遗产为出发点。万寿寺范围内所有的历史信息、古建材料、纹饰色彩、绿植古树，均得到了最大限度的保护和最小限度的干扰。博物馆的专家结合丰富的馆藏品，再次对博物馆的展厅进行了梳理规划。计划在 2022—2025 年间，陆续开放：

山门券顶的“百蝠穿云壁画”将做重点展示。山门两侧房屋作为万寿邮局，开展明信片互动体验，活版印刷。钟楼作为馆藏邮票展厅，举办《天涯邮踪》定期展览馆藏国内外邮品。鼓楼作为放映厅，播放博物馆宣传片。天王殿设《缘岸梵刹》展览，介绍万寿寺历史沿革。

大雄宝殿为原状陈列，东西配殿设立《妙法庄严》展览，陈列馆藏佛像文物。

万寿阁一层设《吉物咏寿》展览，陈列馆藏祝寿祈寿主题文物；二层建立“学者书屋”，将已故文博专家捐赠的文博藏书以小型图书馆形式对预约者开放；三层建成“青年论坛”，举办沙龙形式的文化艺术交流活动。万寿阁东西配殿及连廊改造成为两个展区，作为玉器馆和瓷器馆，分别举办《韫玉千秋》展览，陈列馆藏玉器以及举办《窑火天工》展览，陈列馆藏瓷器。

大禅堂及东西配殿辟为书画馆，定期展示馆藏书画、碑帖等藏品。即将轮流举办《万几余暇》《传统与革新》《清风留痕》《器藏清雅》等主题的书画艺术展览。

大禅堂北墙举办《大修实录》展览，展示此次修缮过程中替换的一批建筑构件，借以向观众宣传介绍万寿寺第五次古建筑大修保护的知识和成果。假山院东侧配殿为锦绣坊，厢房作为针黹工坊和染缬工坊，令观众体验织染、桑蚕等活动。假山院西侧的配殿为斫木堂，厢房作为榫卯课堂和木作课堂，主要用于展示传统家具修复、介绍古建筑小知识和木工体验活动。

乾隆御碑亭东西两旁房屋将用作文创艺术品商店向观众提供书籍文创产品销售服务。

西路行宫海棠院及前正殿院作为文房艺术品展厅，展示馆藏特色文房和竹木牙角骨等文物，举办《竹室人间》文房用具展览。

行宫正殿及配殿举办《丰繁竞采》展览，展示馆藏服饰、丝织品文物。

后照楼景区用于社教活动或举办临时展览。

大悲殿院建立“北岸讲坛”作为多功能报告厅使用。

方丈院辟为家具展厅，举办《云落佳木》展览，陈列馆藏明代至民国时期的各类家具精品。

东路大斋堂辟为钱币馆，举办《泉行天下》展览，陈列馆藏中国历代钱币。

东路法堂院作为临时展厅，举办馆际交流展览。

万寿寺东路考古勘探工作已经完成。现有遗址改建为遗址公园，使观众得以休憩和咨询服务等。

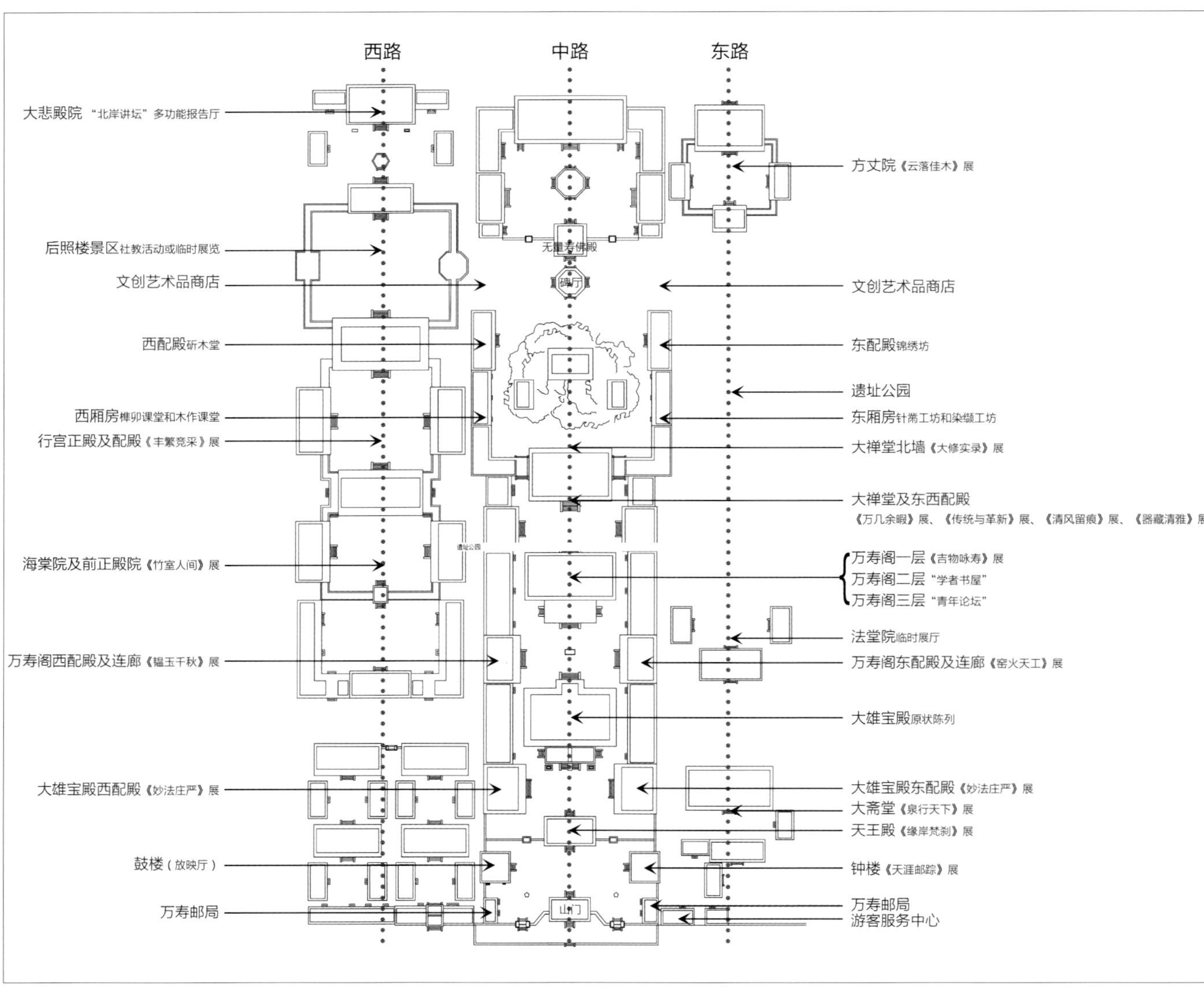

001 展厅分布图

缘岸梵刹

万寿寺天王殿内的弥勒佛、韦陀等造像早已无存，现辟为《缘岸梵刹　万寿寺历史沿革展》的展厅，介绍万寿寺的历史变迁、人物活动等重要史实。

002　汉白玉靠山石昂首蹲坐石麒麟靠山兽残件

003　汉白玉柱头残件

004　汉白玉“宝瓶”栏板残件

妙法庄严

大雄宝殿的东西配殿安心竟和祝延万寿殿，原为罗汉堂，因康熙二十五年（一六八六）将罗汉堂内的十八罗汉移入大雄宝殿，目前两配殿内的陈设已无存，博物馆辟为文物展厅陈列佛教艺术品。

0　0　5　德化窑白釉送子观音像

明，底径 11 厘米、高 26.5 厘米。

0　0　6　　铜镀金持国天王像

明，高 114 厘米，宽 64 厘米，厚 43 厘米，重 200 千克。

0　0　7　　佚名金绘达摩画轴

清，纵 90 厘米，横 38.5 厘米。

0 0 8 铜镀金金刚持像

元，高 18 厘米，重 1.065 千克。

0　0　9　铜珐琅釉象牙佛塔

清，底径 9.2 厘米，高 13.5 厘米。

吉物咏寿

祝颂延寿、祈福纳祥为主题的祝寿图像，常常通过神仙、植物、动物、文字、符号等纹饰图案、造型来表现。带有寓意着吉祥「符号」的物件，表达了上至帝王下至平民对自然的敬畏、对生命长存的赞咏和追求。鉴于万寿阁建筑的特殊性质，博物馆在此举办《吉物咏寿》展览。

0 1 0 青玉鹤衔桃、灵芝摆件

0 1 1 清，长 14.2 厘米，宽 4.4 厘米，高 9.7 厘米。

0 1 2 青花八仙祝寿图大罐

明成化，口径 19 厘米，底径 18.8 厘米，高 33.6 厘米。

0 1 3 斗彩寿字桃纹盘

清雍正，口径 14.5 厘米，底径 8.9 厘米，高 3.1 厘米。

0 1 4 底款为“大清雍正年制”

015 粉彩开光海屋添筹图如意

016 清道光，长 44.5 厘米。

017

018

0 1 9　犀角雕八仙庆寿纹杯

0 2 0　明，犀角杯长 15.7 厘米，宽 10 厘米，底径 5 厘米，高 9.2 厘米。

0 2 1

0　2　2　　慈禧太后御笔“颐寿”字轴

慈禧书，纸本，纵173厘米，横83厘米。

0 2 3 黑缎绣寿字纹扇套

清晚期，纵 31.5 厘米，横 6 厘米。

在黑色缎上，以各色彩线及金、银线刺绣 24 个寿字。这些寿字均经过艺术化的变形，字形被拉长，以之借喻“长寿”的吉祥含义。

024 绛色团寿纹织金纱女衫

025 清晚期，身长 118 厘米，通袖 165 厘米，下摆宽 101 厘米，袖宽 38 厘米。

0　2　6　黄缎地云寿缠枝花靠背套

0　2　7　清乾隆，纵 84 厘米，横 86 厘米，厚 6—17 厘米。

万几余暇

万寿寺大禅堂及东西配殿小禅堂、影堂，坐落于中路第四进院落，原为寺院举办大型活动时的诵经场所，以及供奉高僧灵位的祭堂，原陈列物品均已无存。博物馆辟为书画展馆，定期展出《万几余暇》《传统与革新》《清风留痕》《器藏清雅》等不同主题的书画展览。

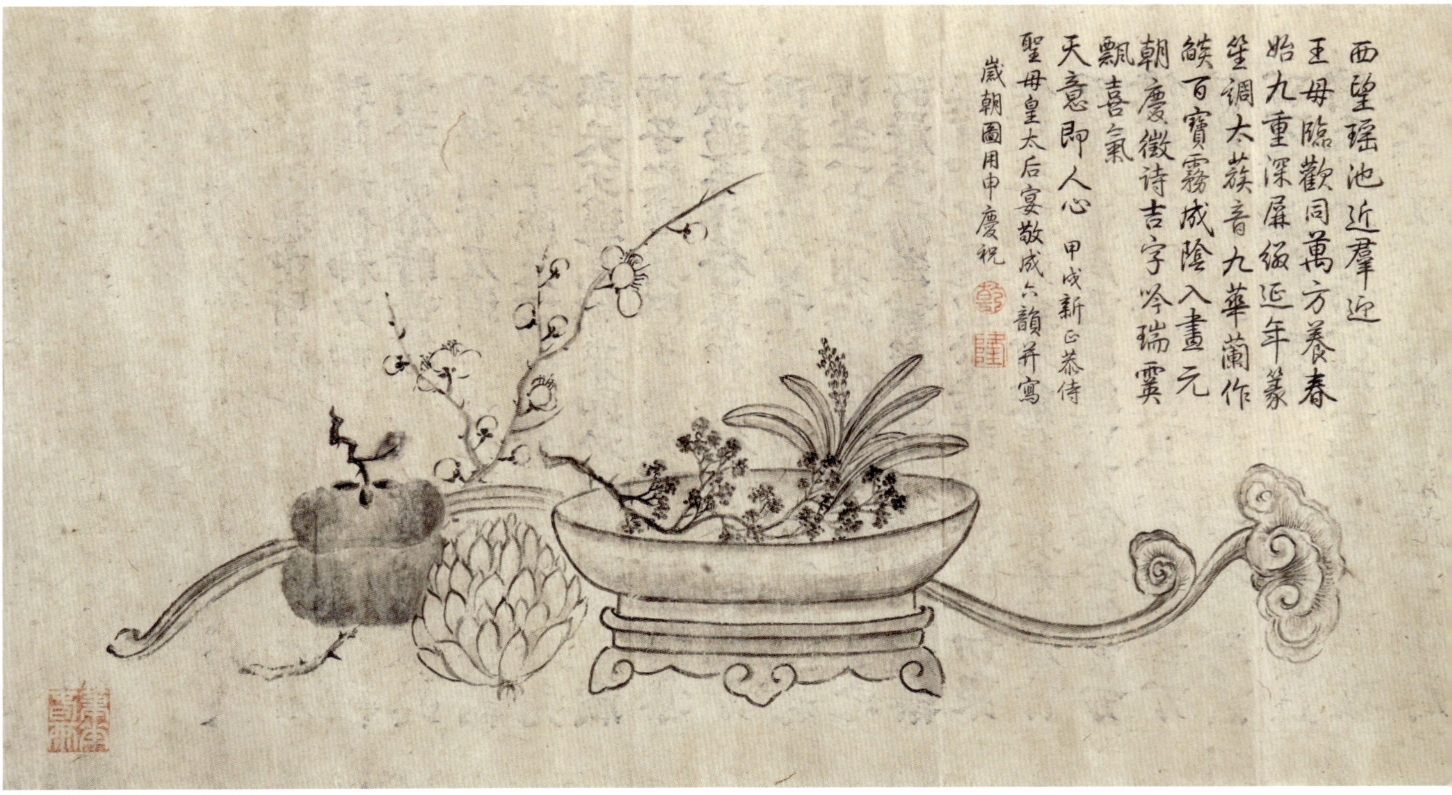

0　2　8　　乾隆御笔岁朝图卷

清乾隆，纵 28.8 厘米，横 54 厘米。

这是一幅乾隆为母祝寿图，画面以细劲线条勾勒为主，辅以淡墨皴染，着笔单纯，意韵清宁古拙。画上刻画花盆一只，周围环以梅花、如意、柿子等花卉杂宝，寓意春天降临、吉祥如意，以祝圣母皇太后事事如意，平平安安。乾隆赋诗一首并以行书体题于画上："西望瑶池近，群迎王母临。欢同万方养，春始九重深。屏缀延年篆，笙调太簇音。九华兰作焰，百宝雾成阴。入画元朝庆，征诗吉字吟。瑞霙飘喜气，天意即人心。甲戌新正恭侍圣母皇太后宴敬成六韵并写岁朝图用申庆祝。"下钤"乾隆"朱文印，画心左下角钤"笔花春雨"白文印。岁朝图题材是中国宋代皇宫中开始兴起的一个绘画题材，主要是从宋徽宗时特别流行，采用的画法也是写生画法，形象逼真，内容也是以冬天不易看到的花卉、树木为主，意思是春天很快到了，增加节日气氛。此作品绘于 1754 年，时年乾隆帝 43 岁。

（杨小军撰写）

0　2　9　民国张大千人物轴

设色纸本，纵 183 厘米，横 90 厘米。有“张爰私印”白文印，“大千”朱文印。

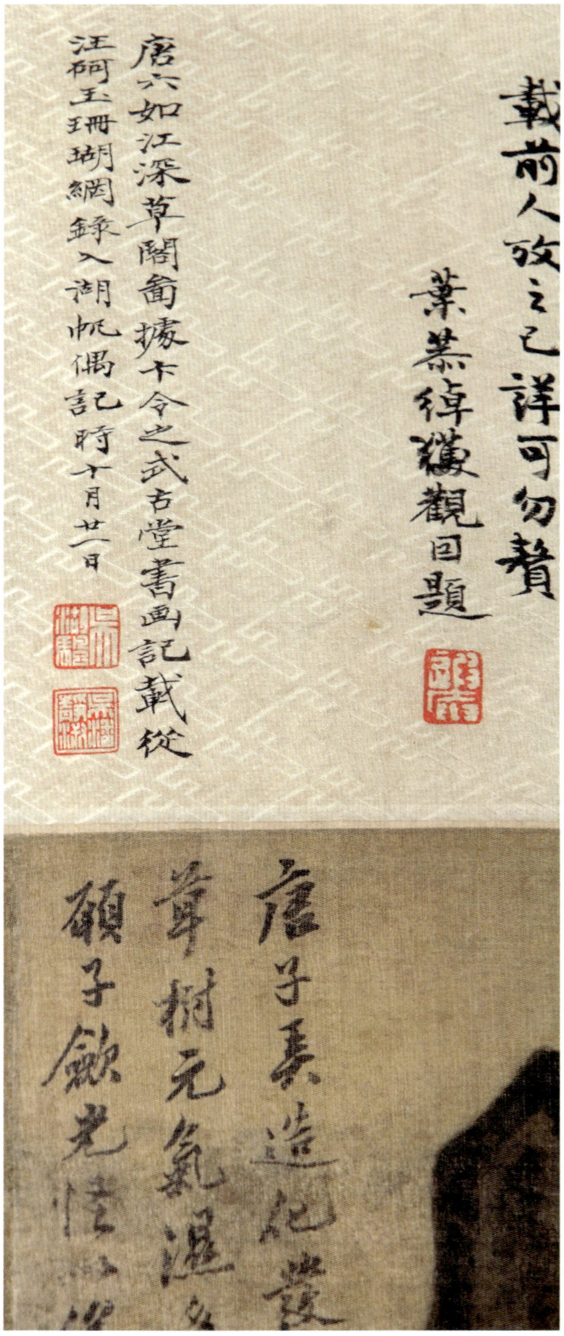
載前人攷之已詳可勿贅
葉恭綽獲觀因題
唐六如江深草閣圖據卞令之式古堂書畫記載從
汪砢玉珊瑚網錄入湖帆偶記己時十月廿一日
唐子畏造化發
草樹元氣濕
顧子歛光怪

030 明唐寅江深草阁图

031 一级文物，设色绢本，纵 83.5 厘米，横 36.5 厘米。

032 此作为唐伯虎所绘绢本设色山水，画面构图险峻奇特，一山几乎跨越整个画幅的右侧，山泉奔流直下，山径蜿蜒而上，松柏林立两侧，山脚下江水边一文人端坐于草阁中。该画属唐寅早期画作，受其老师职业画家周臣的影响明显，山石结构坚实硬朗，采用小斧劈皴，刻画稍显拘谨，设色规整，但仍不失为一幅佳构。作者款署“五月江深草阁寒，苏门唐寅写赠次明吴君”，钤“唐寅图书”朱文印一方。画心左上角有沈周题跋一篇，款署“沈周”，钤“启南”朱文印。周围诗塘裱边有吴湖帆题跋两篇、叶恭绰题跋一篇及其他文人跋文两篇，分别钤有“梅景书屋”等鉴藏印十九枚。

唐寅（1470—1523），明代画家，为“吴门四家”之一。擅山水、人物、花鸟，其山水早年随周臣学画，后师法李唐、刘松年，加以变化，画中山重岭复，以小斧劈皴为之，雄伟险峻，而笔墨细秀，布局疏朗，风格秀逸清俊。人物画师承唐代传统。（杨小军撰写）

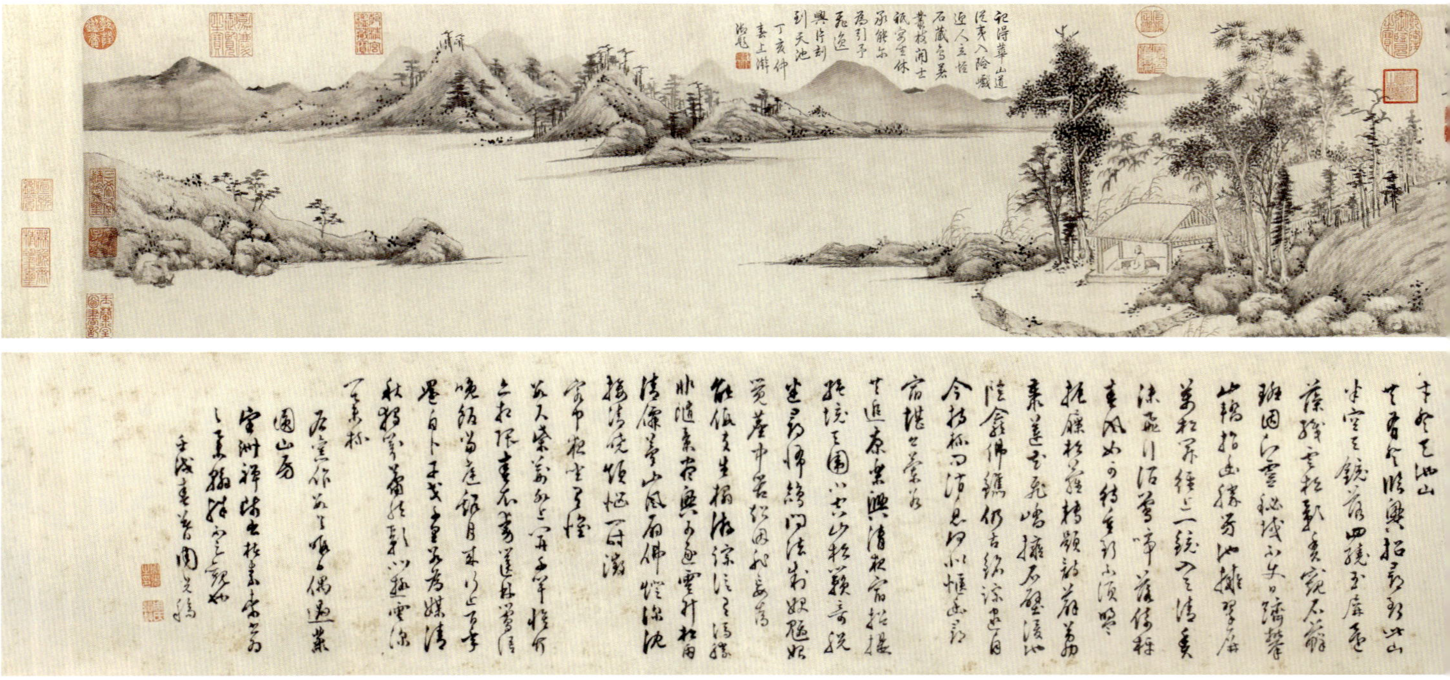

033 明文嘉、周光共绘书画卷

034 一级文物，水墨纸本，纵28厘米，横116厘米。

035 此山水长卷为粗笔水墨写意精品。画面兼具深远、平远二法，远山连绵不断，近处草木掩映的茅舍之中一文人独坐，面向烟波浩渺的湖水。款署“嘉靖辛酉四月朔为望洲作。文嘉”，后钤白文印“文嘉印”“文仲子”两方。此画清初为大收藏家安岐所藏，卷首右下角钤朱文印“安仪周家珍藏”，卷尾接纸处有“心赏”葫芦印及“安氏仪周书画章”两方。此后进入清代内府，画心中部上方有乾隆帝御题五言诗一首，款署“丁亥仲春上澣，御题”，钤朱文印“乾隆宸翰”。另有宫廷鉴藏印十三方，包括“石渠宝笈”“宝笈重编”“石渠定鉴”“乾隆御览之宝”“嘉庆御览之宝”“宣统御览之宝”“乾清宫鉴藏宝”“乾隆鉴赏”“宣统鉴赏”“三希堂精鉴玺”“宜子孙”“玉兰堂图书记”“无逸斋精鉴玺”等。拖尾有周光行书跋文一篇，款署“壬戌春暮，周光稿。”并钤白文印“周光之印”“周氏韬叔”两枚。

文嘉（1501—1583），字休承，号文水，长洲人。明代“吴门画派”领袖文徵明次子，“吴门画派”代表画家。（杨小军撰写）

036 清惇勤亲王青绿山水轴

设色纸本，纵 51.5 厘米，横 37 厘米。

小園賦

若夫一枝之上巢父得安巢之所一壺之中壺公有容身之地況乎管寧藜床雖穿而可坐嵇康鍛竈既煖而堪眠豈必連闥洞房南陽樊重之第綠墀青瑣西漢王根之宅余有數畝敝廬寂寞人外聊以擬伏臘聊以避風霜雖復晏嬰近市不求朝夕之利潘岳面城且適閑居之樂況乃黃鶴戒露非有意於輪軒爰居避風本無情於鐘鼓陸機則兄弟同居韓康則舅甥不別蝸角蚊睫又足相容者也爾乃窟室徘徊聊同鑿坯桐間露落柳下風來琴號珠柱書名玉杯有棠梨而無館足酸棗而非臺猶得欹側八九丈縱橫數十步榆柳兩三行梨桃百餘樹拔蒙密兮見窗行欹斜兮得路蟬有翳兮不驚雉無羅兮何懼草樹混淆枝格相交山為簣覆地有堂坳狸并窟乳鵲重巢連珠細菌

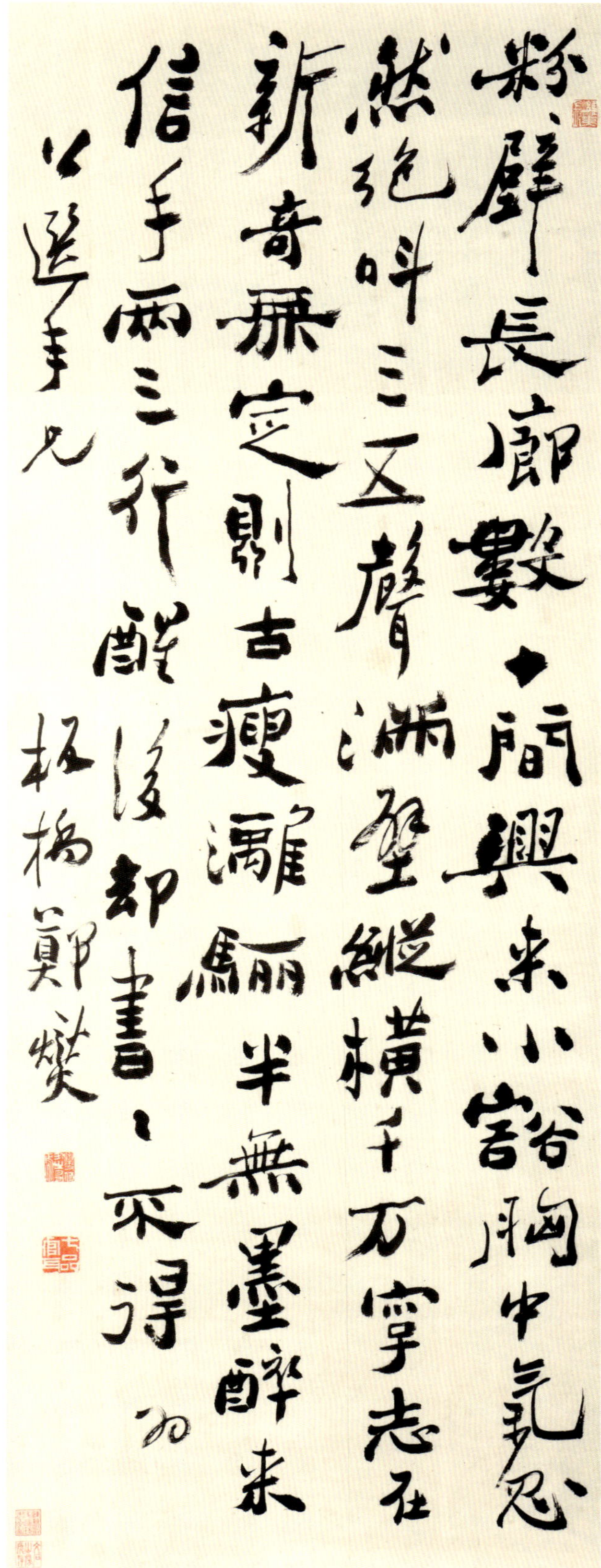

038　清郑板桥书法轴

内框纵 26.5 厘米，横 185.5 厘米；外框纵 29.5 厘米，横 807 厘米，水墨纸本。

0　3　9　　清恽寿平山水卷

内框纵 26.5 厘米，横 185.5 厘米；外框纵 29.5 厘米，横 807 厘米，水墨纸本。

云落佳木

中式传统家具在明清时期，形成了用料考究、雕饰精细的工艺风格。由于明清两代社会主流意识形态的差别，形成了明式家具以素简大方为艺术特色，以精密的卯榫结构为加工特色；清式家具以富丽华贵为装饰特色，经常增加繁缛的镶嵌装饰。万寿寺东路方丈院经过拆迁腾退、修葺建筑，目前已经完整地恢复了建筑的历史原貌，惜原室内陈设无存，现特辟为家具展馆面向公众开放。

040 黄花梨雕花卉纹圈椅

041 清，长 62 厘米，宽 48 厘米，高 104.5 厘米。

0 4 2 圈椅背板略带弧度，中间雕卷草宝相花。

0　4　3　黄花梨木两门卍字纹柜

0　4　4　明，长 87 厘米，宽 63 厘米，高 194 厘米。

0 4 5 紫檀雕荔枝花鸟纹插屏背板

清，宽 149 厘米，厚 3.2 厘米，高 231 厘米。

0 4 6 花梨嵌大理石面夔龙纹圆桌

清，直径 104.5 厘米，高 84.5 厘米。

0　4　7　　紫檀雕云龙纹四件柜

清，长 92.5 厘米，宽 37 厘米，高 185 厘米。

0 4 8 花梨嵌大理石面雕云龙纹书案

清，长 180.5 厘米，宽 102 厘米，高 88.5 厘米。

0 4 9 木框嵌铜字对挂屏

清，宽 38.5 厘米，厚 3 厘米，高 200 厘米。

0　5　0　**紫檀包镶黑漆描金多宝格**

清，长96厘米，宽40.5厘米，高194.5厘米。

该柜内外面板及所有隔板均为黑漆底上描金绘山水、花鸟画。抽屉和柜门的把手均为珐琅制品。该柜本身就是一件艺术品，装饰华丽，做工精细，是清中期家具珍品。

051 紫檀包镶黑漆描金多宝格侧壁及隔板描金山水画线图

052

竹室人间

明清时代的文房用具出现了大量用于玩赏或陈设的器物，可谓琳琅满目、包罗万象。在清代康熙、雍正、乾隆三朝皇帝的爱好与推动下，涌现出兼具文人情怀和贵族高贵工致的文玩用具，在设计加工上，将绘画、书法、雕刻装饰融为一体，达到了登峰造极的地步。

0 5 3 田黄印章（一组）

清乾隆，一级文物。

田黄石“真趣非外借”方印，长 2.6 厘米，宽 2.6 厘米，高 8.7 厘米，重 128.1 克。

田黄石“心之声也”方印，长 2.7 厘米，宽 2.7 厘米，高 8.7 厘米，重 143.8 克。

田黄石“御赐麟图鹤算”长方印，宽 4.1 厘米，厚 2.2 厘米，高 7.8 厘米，重 146.3 克。

田黄石“万顷文澜”方印，长 3 厘米，宽 3 厘米，高 11 厘米，重 195.2 克。田黄石质，随石形而制，浮雕一只在云中展翅飞翔的夔凤，云纹富有流动感，凤纹雕刻细腻生动。并且通过匠人的巧妙构思，将印料本身的绺与图案融为一体。白文印，篆刻“万顷文澜”四字。

此田黄石印章体量较大，质地润泽，雕刻巧妙精细，磨工光滑，是清乾隆时期难得的珍品。

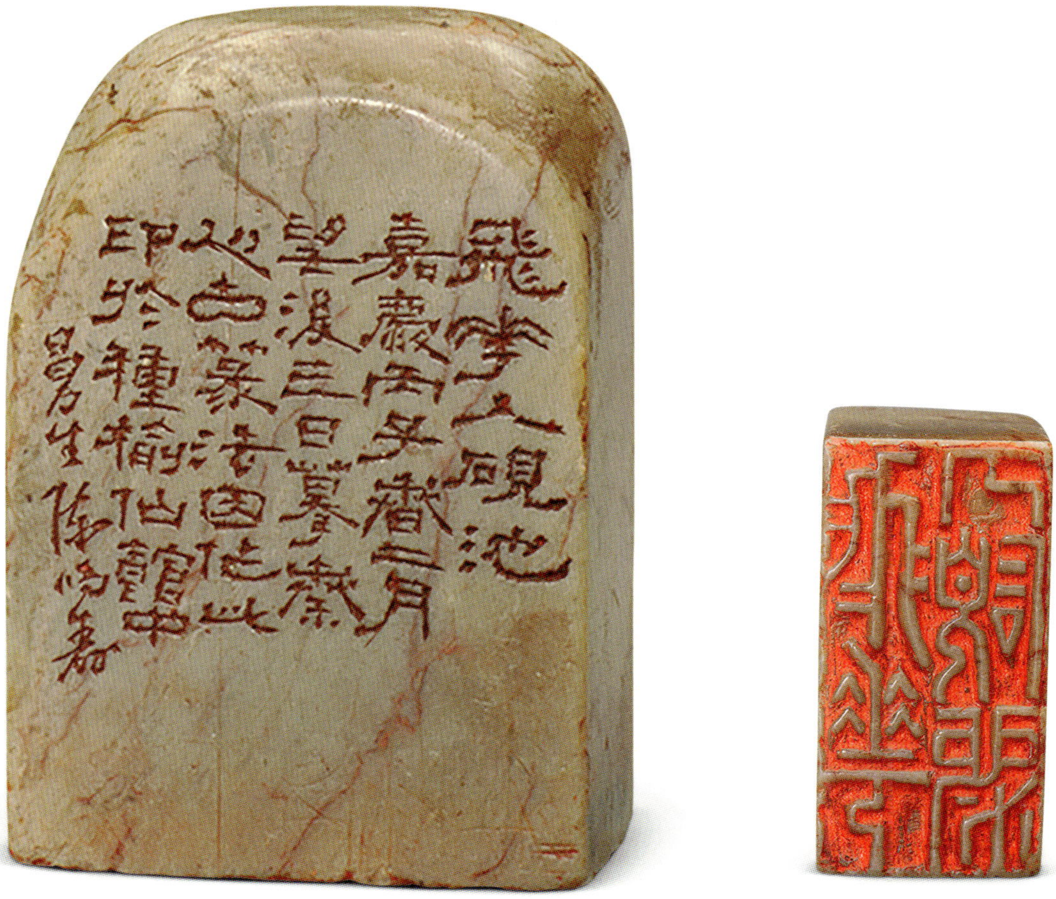

0　5　4　“飞花入砚池”陈鸿寿款昌化石印章

清，长 3.9 厘米，宽 2 厘米，高 5.6 厘米。

0　5　5　　文房用具

清。

0 5 6 剔犀笔管

明，长 20 厘米，斗径 4 厘米。

057 黄杨木雕岁岁平安花插

058 清，直径 6.5 厘米，高 14 厘米。

0　5　9　　乾隆款各式集锦墨

清乾隆，一套7锭。

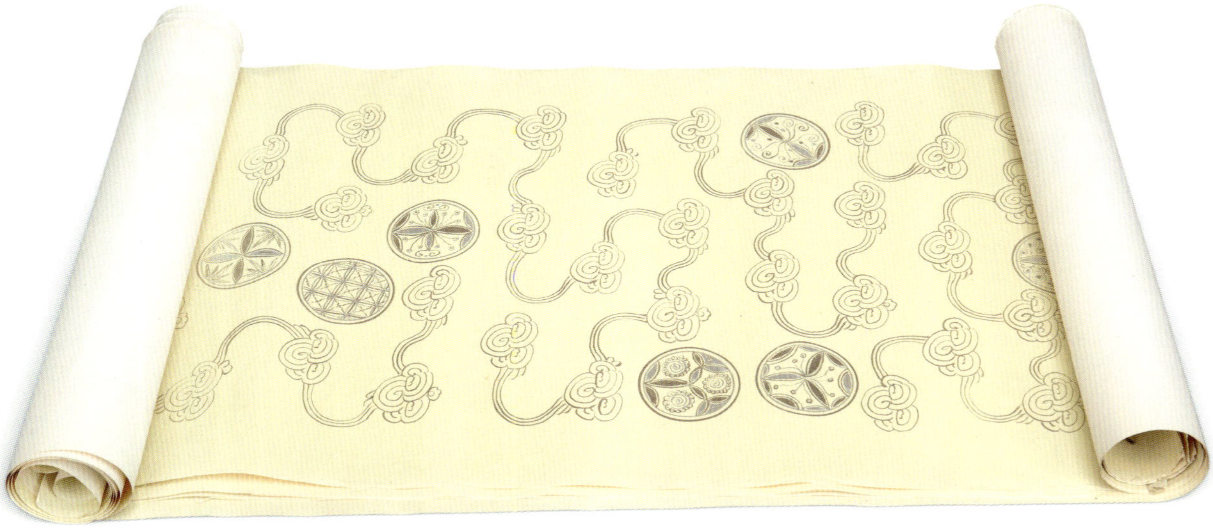

0　6　0　　粉蜡笺纸

清，纵 34 厘米，横 168 厘米。

0　6　1　　粉蜡笺纸

清，纵 34 厘米，横 138 厘米。

康熙至乾隆年间生产了种类繁多的粉蜡笺，分单面加蜡或双面加蜡砑光两种，以及描金银、洒金、泥金、金银箔等。

0　6　2　　铜猫镇纸

清，长 5.5 厘米，宽 3 厘米，高 3 厘米。

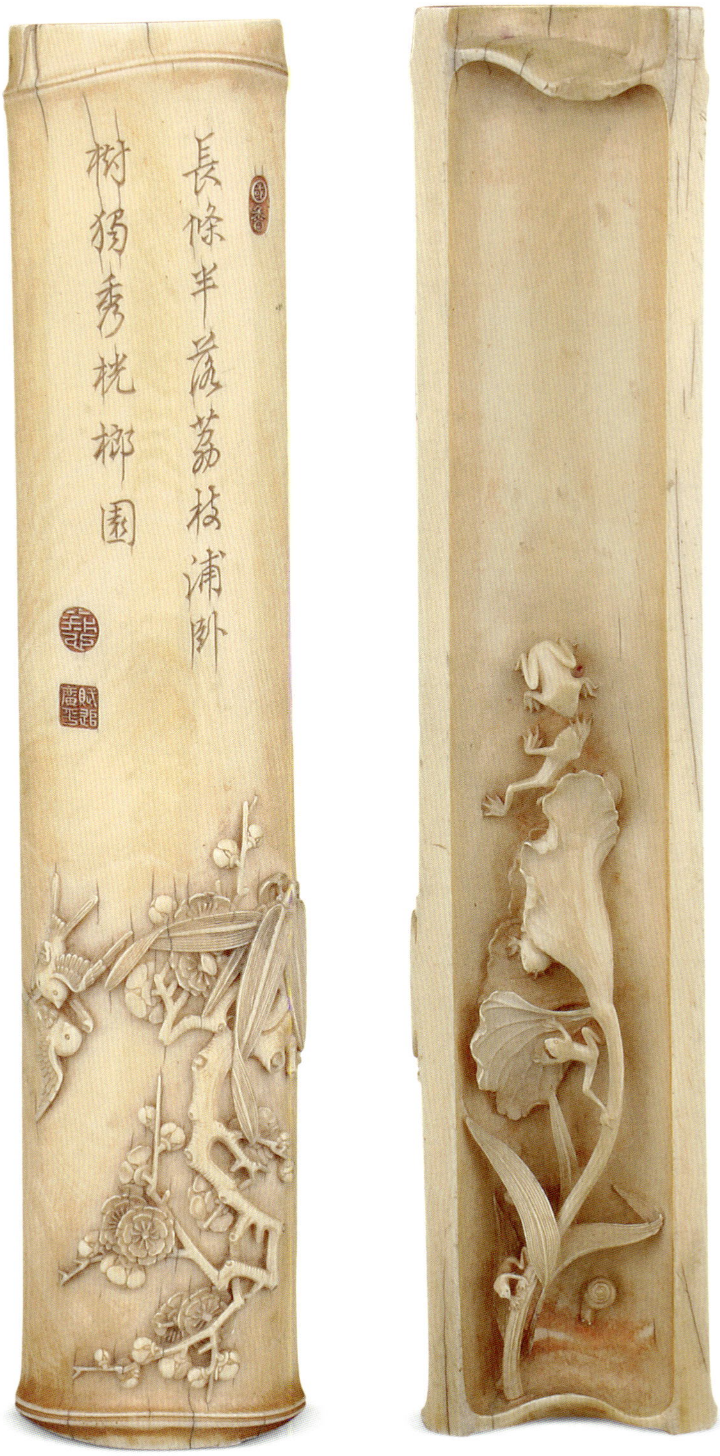

0 6 3 象牙雕竹梅燕纹臂搁

清，长 24.7 厘米，宽 5.3 厘米，厚 2.3 厘米。

0　6　4　　木雕福寿如意墨床

清，长 13.8 厘米，宽 5 厘米，高 3.4 厘米。

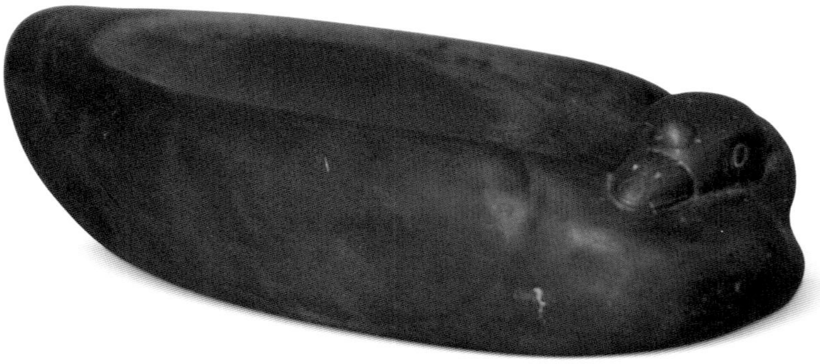

065　鹅形端砚

明，长 18 厘米，宽 9.5 厘米，高 4.6 厘米。

0　6　6　竹雕梅花纹花插

清早期，直径 4.8 厘米，高 10.8 厘米。

0　6　7　　嵌螺钿人物纹黑漆盒

清康熙，口径 9.5 厘米，底径 6.5 厘米，高 3.7 厘米。

069 ## 杨茂制剔红梅花纹盘

070 元，一级文物，直径16.3厘米，高2.6厘米，木胎，圆形，圈足。盘内底六瓣形开光，开光内为天锦地，锦纹上雕梅花一枝从盘心一侧伸出，曲折盘旋，其上盛开着九朵梅花，以阴刻线表现花蕊。内壁开光外雕山茶花、栀子花、菊花、牡丹、桃花等。盘口沿雕锦纹，外壁雕卷云纹。盘底髹黑漆，右侧有针划“杨茂造”竖行款。左侧有刀刻填金“大明宣德年制”楷书款，为后刻。整体朱漆圆润厚重，图纹精美，雕刻工致，体现了作者高超的技艺。

杨茂，浙江嘉兴西塘杨汇人，以善制漆器名扬天下。杨茂造漆器存世量极少，此盘为其传世佳作，对于研究元代雕漆工艺及杨茂雕漆艺术风格具有重要的历史价值，弥足珍贵。（胡桂梅撰写）

0　7　1　　珐琅烧蓝亭桥

晚清，亭底宽 8 厘米，高 15.3 厘米；桥长 10.4 厘米，宽 3.6 厘米，高 3.6 厘米。

0　7　2　　仙人乘槎犀角杯

明，一级文物，长 19.2 厘米，宽 10 厘米，高 10.5 厘米，犀牛角质，因材施艺，利用犀角天然形状巧雕为槎形。杯以仙人乘槎为题材，采用圆雕、透雕、浮雕、浅刻相结合的技法雕刻纹饰。角端分为蜿蜒曲折的两支：一为支点，一为流。角根部挖空为槎身，内为一端坐仙人，手持如意，神态怡然。槎外侧及底部均刻有水波纹饰，富有动态。整件器物材质晶莹润泽，琢磨光滑圆润，雕刻精湛，线条流畅，是难得的艺术珍品。（胡桂梅撰写）

丰繁竞采

北京艺术博物馆收藏明清两代织绣文物珍品达四千余件，虽然两代织绣的样式、花纹大相径庭，但是服饰材料的选取、织造、刺绣、缝纫技艺并去却一脉相承。

073 蓝江绸地绣五福龄椿报喜绣片

074 清，长104厘米，宽39.5厘米。

0 7 5 ## 金地缂丝灯笼仕女袍料

0 7 6 明，一级文物，纵 177 厘米，横 133 厘米。

袍料为对开襟式，宽袖，以领口为中心作柿蒂形轮廓，柿蒂内缂织灯笼和仕女纹样，间饰湖石、花卉。灯笼为葫芦形状，内有花卉、如意、宝瓶、盘长等吉祥图案，顶盖两侧垂挂葫芦、杂宝璎珞，寓意祥瑞喜庆。仕女分散排布于灯笼周围，均上衣下裳，长裙曳地，臂挽披帛，或束手而立，或细赏花灯，或把玩各式杂宝瑞花，姿态娴雅，娉婷婉丽。柿蒂外缂织有折枝牡丹、梅花等，间隙饰各色杂宝。根据明代应时而衣的习俗，这种灯笼纹样多为正月十五上元节时穿用。袍料通身以捻金线缂地，用料贵重，缂工细致，配色和谐，华而不俗。（刘远洋撰写）

077

红织金云蟒纹妆花缎帐料

078 明，一级文物，纵 243 厘米，横 230 厘米。

大红色缎地上，以细小的行蟒纹围绕四周并将帐面划分为上下两个部分。上方框内正中置一硕大宝珠，周围环以如意云，左右两边各一条行蟒相对做戏珠状；下方框内织一正两侧三条升蟒，各自护持宝珠在如意云间腾跃舞动，形态威猛，富于动感。帐料采用妆花工艺，以大量金线挖梭盘织蟒纹及宝珠主体，并勾勒其他彩纹轮廓，同时利用妆花色彩变换自由的特点，将深浅不同的蓝、绿、红色系绒丝进行灵活组合和搭配，使纹样色彩实现自然过渡和丰富变化。各种纹饰金彩交辉，华美非常，展现出极富表现力的艺术装饰效果。

（刘远洋撰写）

079 深蓝缎地绣博古绣片

080 清，纵56厘米，横94厘米。

081

081　明黄缎绣五彩云蝠金龙吉服袍

清雍正，一级文物，身长 144 厘米，通袖长 211 厘米，底摆宽 124 厘米。

圆领，大襟，右衽，左右开裾，马蹄袖端。领、襟、袖接石青色缎，上绣海水云龙纹。袍身以明黄色素缎为地，绣金龙九条，其中前胸、后背及两肩正龙各一，下襟前后行龙各二，另有一行龙位于底襟，间饰五彩流云及红蝠纹样。下摆饰海水江崖纹，波涛翻涌，崖石挺立，寓意“四海升平”“江山万代”。袍服绣工精细，配色和谐，装饰华丽，形制规整，充分体现了至高无上的皇权威严。

（刘远洋撰文）

0 8 2 红地夔龙凤八答晕锦织成料

0 8 3 清乾隆，一级文物，纵 183 厘米，横 166 厘米。

采用三枚斜纹特结锦组织结构，纹饰方圆交错，繁复华丽。圆形主纹由团花、夔凤纹样组合而成，其外在水平、垂直及 45° 斜角八个方向上延伸出长方形线条构成“米”字形框架，长方框内分别织夔龙、夔凤纹，框架间的空地上饰折枝瑞花纹。“米”字形框架水平、垂直方向上的相交处套有方形，内填由夔凤和团花组成的适合纹样；斜角方向上的相交处则套有较大的夔龙团花纹，外层加饰卷草纹。织造工艺精细，图案庄重华美，纹样的排列匀称规整，层次清晰严谨而又富于变化，色彩搭配丰富和谐，繁而不乱。（刘远洋撰文）

0　8　4　　红地缂丝百子图帐料

0　8　5　　清，纵 170 厘米，横 180 厘米。

0 8 6 五彩绸绣瓜瓞绵绵纹云肩

清，外径 44 厘米，内径 10 厘米。

0 8 7 蓝地缂丝群仙婴戏大吉葫芦片

0 8 8 清，长 160 厘米，宽 77 厘米；画心宽 131 厘米，长 63 厘米。

吉

0　8　9　藕荷色宁绸绣花蝶纹琵琶襟坎肩

0　9　0　清，身长 66 厘米，肩宽 42 厘米，下摆宽 70 厘米。

0 9 1 藕荷色缎地绣花鹤纹马面裙

腰围 104 厘米，下摆宽 210 厘米，裙长 95 厘米。

韫玉千秋

万寿阁的西配殿及两侧厢房将要作为博物馆的玉器文化展厅，轮流展出数量丰富、品种多样馆藏玉器艺术品。在这个展厅，不仅讲述寻玉、琢玉的技术与审美，还从「用玉之奢」「品玉之雅」「佩玉之趣」「似玉美石」几个方面展现玉器藏品纷繁各异的艺术类型，体现中华民族借玉寄情的高远品格。

0 9 2 蚕纹璧

0 9 3 汉，直径 21 厘米，厚 0.4 厘米。

0　9　4　　玉戚

商，长 11.7 厘米，宽 7 厘米，厚 0.3 厘米。

0　9　5　　玉兽面勾云纹璏

汉，长10厘米、宽2.7厘米、厚1.4厘米。

0　9　6　　青玉子母卧鹿佩饰

宋，4厘米，1.9厘米，2.5厘米。

097 青玉匜

098 明，长 12.4 厘米，宽 5.1 厘米，高 4.9 厘米。

0　9　9　　青玉攒盘

清乾隆，直径 33.5 厘米，高 8.5 厘米。

1 0 0 乾隆青玉山水人物图插屏

1 0 1 清，直径 27.4 厘米，厚 0.9 厘米。

臣永瑆敬書

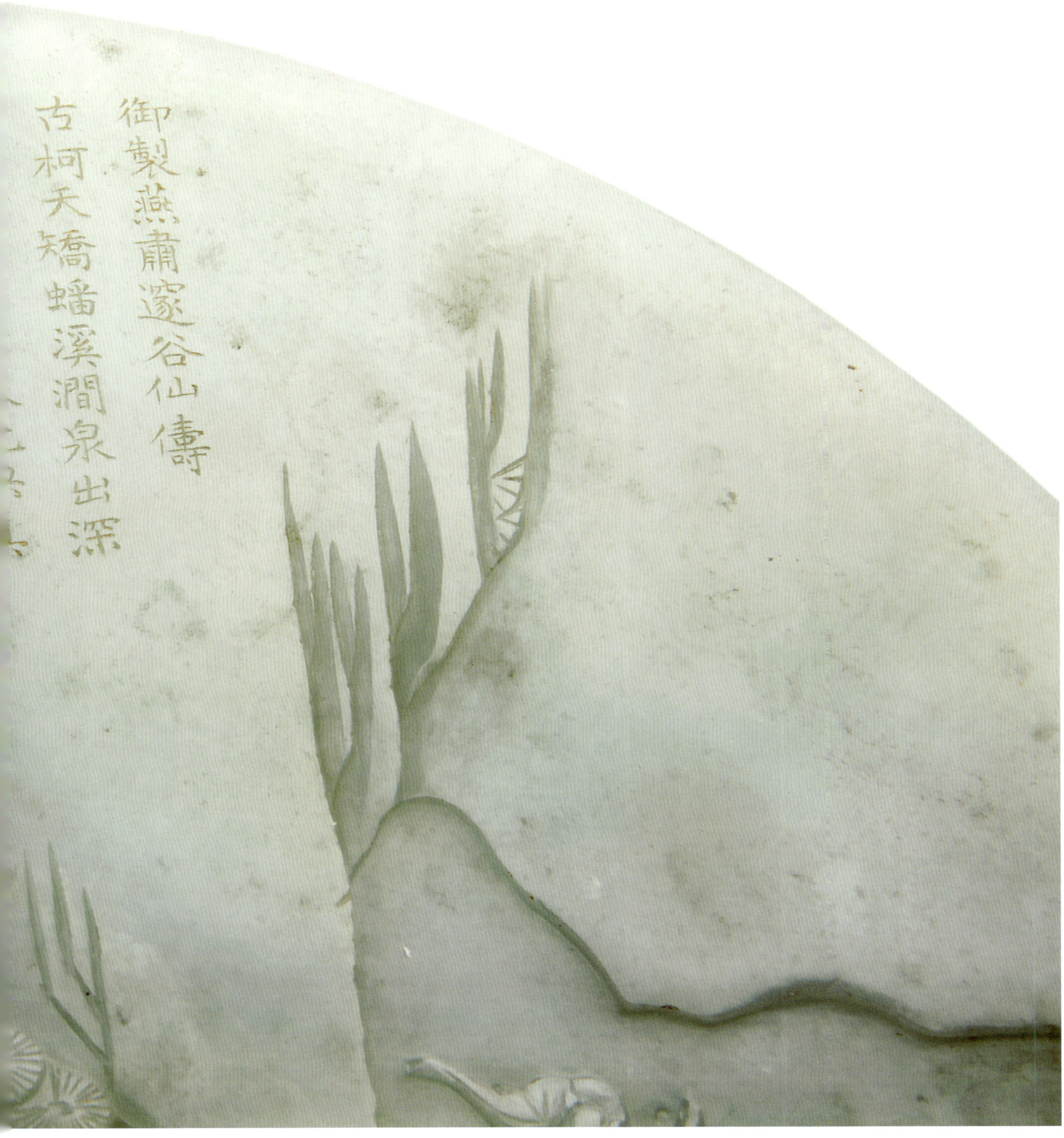
御製燕肅邃谷仙傳
古柯夭矯蟠溪澗泉出深

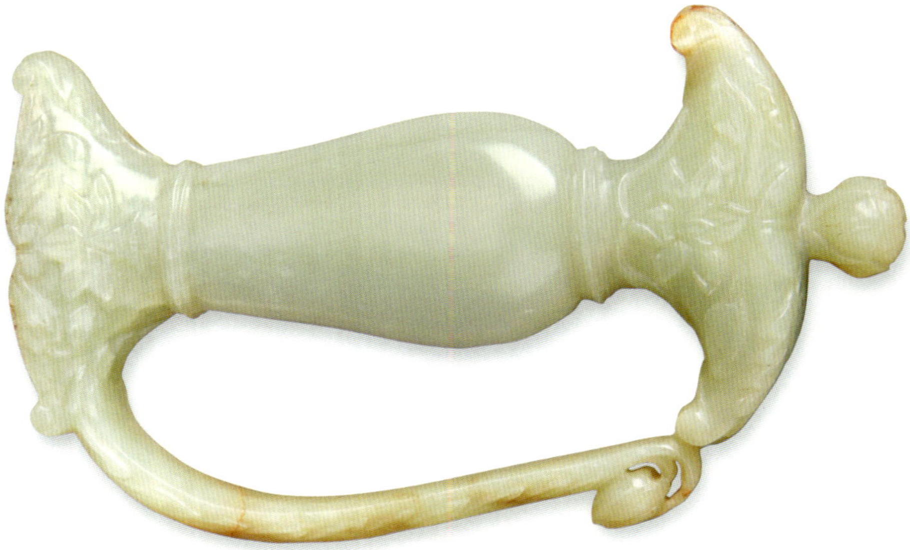

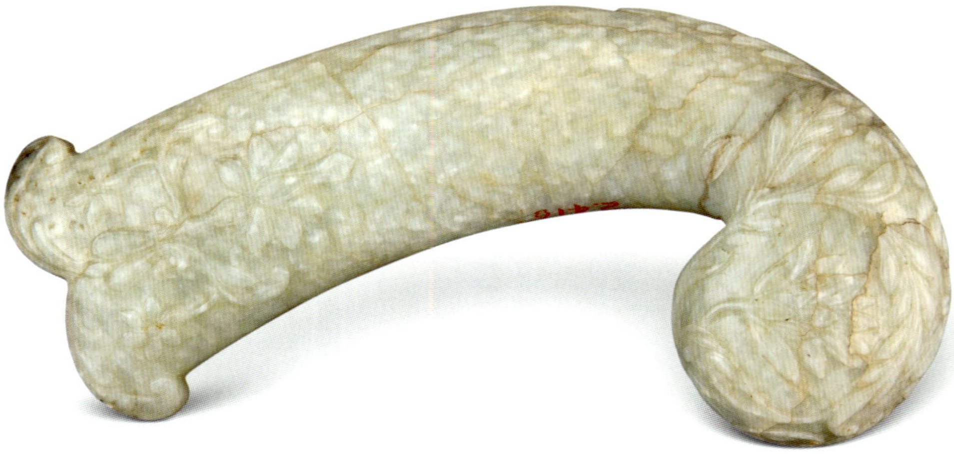

1 0 2 青玉痕都斯坦花卉纹刀柄

莫卧儿帝国时期（17 世纪—18 世纪），长 12 厘米，宽 7 厘米，厚 2.1 厘米。

1 0 3 青玉痕都斯坦花卉纹刀柄

莫卧儿帝国时期（17 世纪—18 世纪），长 14.5 厘米，宽 7.5 厘米，厚 2.4 厘米。

1 0 4 白玉喜鹊登梅洗

清，长 11.7 厘米，宽 8 厘米，高 4.3 厘米。

1　0　5　青玉描金山水玉板

清乾隆，长 16.3 厘米，宽 13 厘米，厚 1 厘米。

106　福禄寿喜字形玉配

清。

青玉福字佩，长 5 厘米，宽 4.8 厘米，厚 0.5 厘米。

青玉禄字佩，长 4.7 厘米，宽 5.1 厘米，厚 0.6 厘米。

白玉寿字佩，长 3.6 厘米，宽 6.2 厘米，厚 0.9 厘米。

白玉双喜字镂空佩，长 4.2 厘米，宽 6.8 厘米，厚 0.5 厘米。

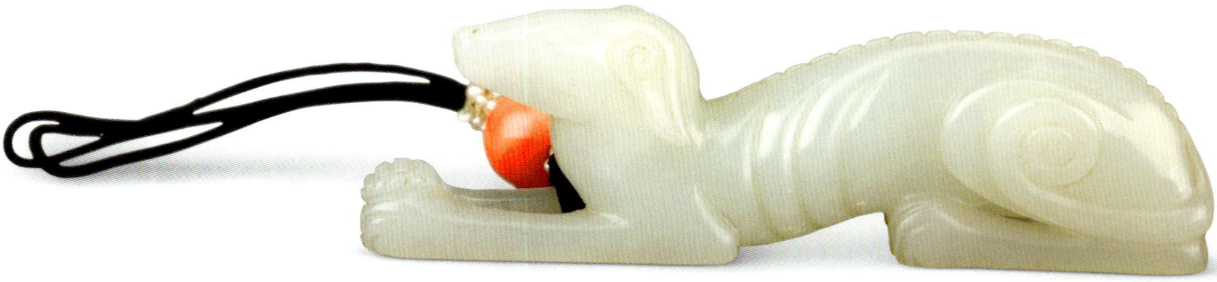

1 0 7 青玉犬形坠

清。

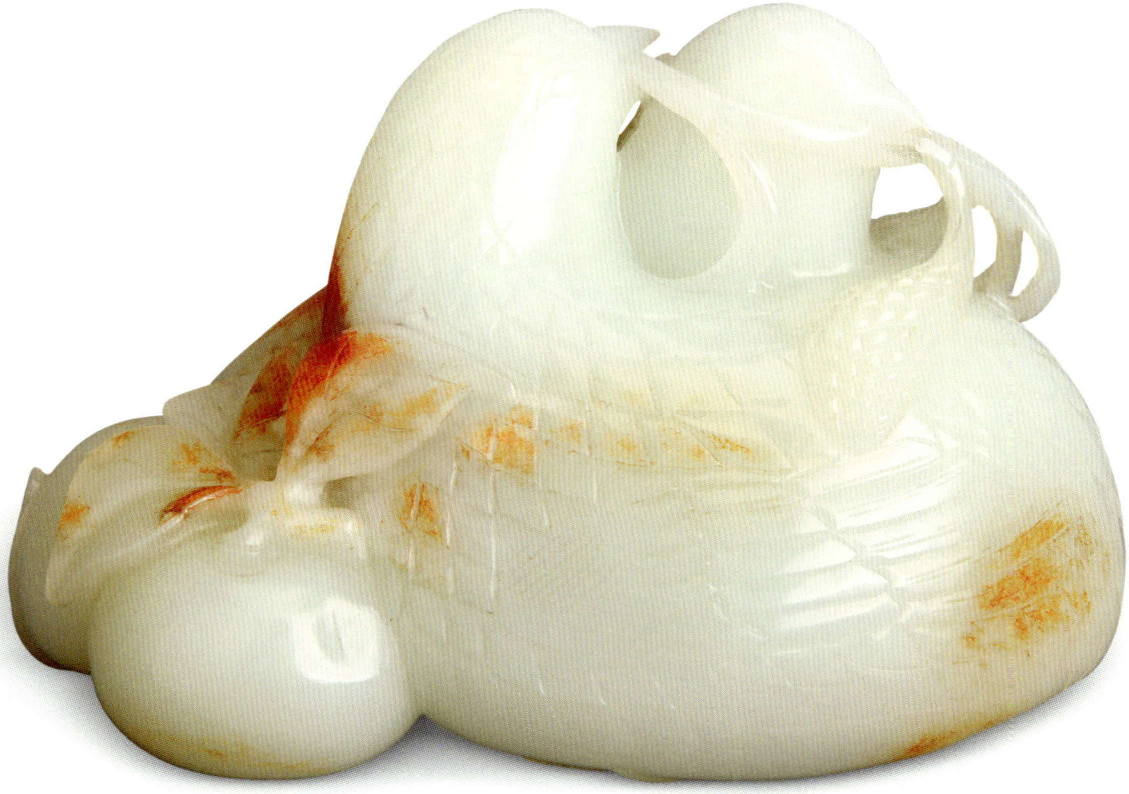

1 0 8 青白玉“岁岁平安”摆件

清，底径 13 厘米，高 8.5 厘米。

窑火天工

万寿阁的东配殿及两侧厢房是博物馆的瓷器展厅，馆藏七千多件古代瓷器艺术品将在这里轮流展出，有的专题展以瓷器的产地来做展览主题，比如有越窑、瓯窑、邢窑、耀州窑、龙泉窑、定窑、景德镇窑、磁州窑、当阳峪窑、德化窑、钧窑、石湾窑、建窑等，呈现古代瓷器烧造工艺技术的历史面貌；有的展览以烧造时间策划展览主题，上起西周，下至民国，呈现古代瓷器起源、发展、繁荣、鼎盛、衰落的历程。

1 0 9 　青釉四系罍

1 1 0 　西周，一级文物，口径 16 厘米，底径 11.3 厘米，高 24.8 厘米。

敞口平沿，短粗颈，折肩，下腹斜收，圈足外撇。造型庄重，风格古朴。肩部刻划细弦纹带三组，弦纹带之间刻划三角纹。肩部两侧对称粘贴两个竖条形系，系端贴附圆饼形饰，既美观又增强了实用性。胎色浅灰，胎质坚硬。通体施青釉，釉色青灰，釉层厚薄不匀，具有鲜明的原始特征。胎釉烧结较好，说明烧成温度较高。该器造型仿自青铜器，制作规整，显示出制作工艺的进步与装饰艺术水平的提升。胎壁较厚，以圈足代替了商代流行的圜底，由此而形成了鲜明的时代特色，属于西周早期由贵族专享的贵重礼器。

（杨俊艳撰文）

1 1 1 越窑青釉蛙形水盂

1 1 2 西晋，口径 4 厘米，底径 5 厘米，高 4.5 厘米。

113 瓯窑青釉点褐彩鸡首壶

东晋，口径 7.1 厘米，底径 7.2 厘米，高 14.3 厘米。

114 邢窑白釉龙柄执壶

唐，口径 4.2 厘米，底径 5.1 厘米，高 12.5 厘米。

115　钧釉花盆（口残）

北宋，口径 17.3 厘米，底径 12.7 厘米，高 12.8 厘米。

116　龙泉窑青釉刻花莲瓣纹碗

南宋，口径13.2厘米，底径3.3厘米，高6厘米。

1　1　7　青花缠枝莲纹壮罐

明永乐，一级文物，口径 11 厘米，底径 9.8 厘米，高 18.7 厘米 。

直口，短颈，圈足，口底相当，腹部粗壮呈筒形。通体纹饰分为七层：口沿为朵花纹，下接几何纹饰及海水涡纹，腹部主体纹饰绘缠枝莲，下又接海水涡纹及几何纹饰带，与上部对应，圈足饰卷草纹。青花浓重深沉，色泽晕散，如中国传统水墨画的效果，系采用进口青料苏麻离青绘画的典型器物。（杨俊艳撰文）

1　1　8　青花访贤图大罐

明天顺，口径 19.5 厘米，底径 20.5 厘米，高 33.8 厘米。

119 青花五彩梅花式盆

120 明万历，口径 30.4 厘米，底径 19.2 厘米，高 7.8 厘米。

121 红绿彩“琴棋书画”人物纹盖罐

122 明嘉靖，口径 17.6 厘米，底径 20 厘米，高 43.5 厘米。

123 青花婴戏纹罐

清康熙，口径 11.4 厘米，底径 16.7 厘米，高 34.2 厘米。

1　2　4　　釉里红团龙纹葫芦瓶

清乾隆，口径 4.2 厘米，底径 9.8 厘米，高 30 厘米。

125

1 2 5　淡描红彩群仙祝寿图碗

清康熙，口径 14.9 厘米，底径 6.3 厘米，高 6.2 厘米。

1 2 6　淡描红彩群仙祝寿图碗展开图

1 2 7

1 2 8

1 2 9

仿石釉御制诗文双联笔筒

清乾隆，一级文物，长 17.7 厘米，宽 12 厘米，高 12.5 厘米。

笔筒由两个方形笔筒套联而成，俯视呈“方胜”形。通体内外满饰仿卵石釉，四面开光。开光内以墨彩分别书写楷、行、隶、篆四体乾隆御制诗文。其一为楷书诗文：“为爱林泉入座清，临溪结屋敞轩楹。枝头闲弄笙簧奏，阶下平调水石声。苔渍云根成古篆，鸥闲沙浦结前盟。午余底事寻庄蝶，恁逐晴莎信步行。”诗后署“夏日园居即事”，并钤白文“乾隆宸翰”、朱文“惟精惟一”二方红彩章。其二为行书诗文：“绿苔满径竹梢檐，午静薰风扑画帘。鹿柴闲开知客到，鱼苗新涨识丁添。籐床恍带三秋爽，竹簟浑忘六月炎。晚凭栏干闲极目，红霞犹绕数峰尖。”诗后钤朱文“比德”、白文“朗润”二方红彩章。其三为隶书诗文：“镜浦轻飔漾碧涟，池亭霁景正澄鲜。蝶依芳草能寻路，鹤习茶铛不避烟。任去任来几点鹭，半开半落数枝莲。晚来弄棹无人畔，水满清溪月满船。”诗后署“乾隆御制”，并钤白文“乾隆宸翰”、朱文“惟精惟一”二方红彩章。其四为篆书诗文：“古香斋伴几枝桐，百尺扶疏翠色笼。杖策每缘寻胜景，披襟半为纳清风。篆烟结细帘方静，棋局敲残日已中。不住吟哦缘底事，会心原与物偕同。”诗后钤朱文“比德”、白文“朗润”二方红彩章。

外底中心以金彩书写“大清乾隆年制”六字三行篆书款。属于乾隆皇帝的御用之器。（杨俊艳撰文）

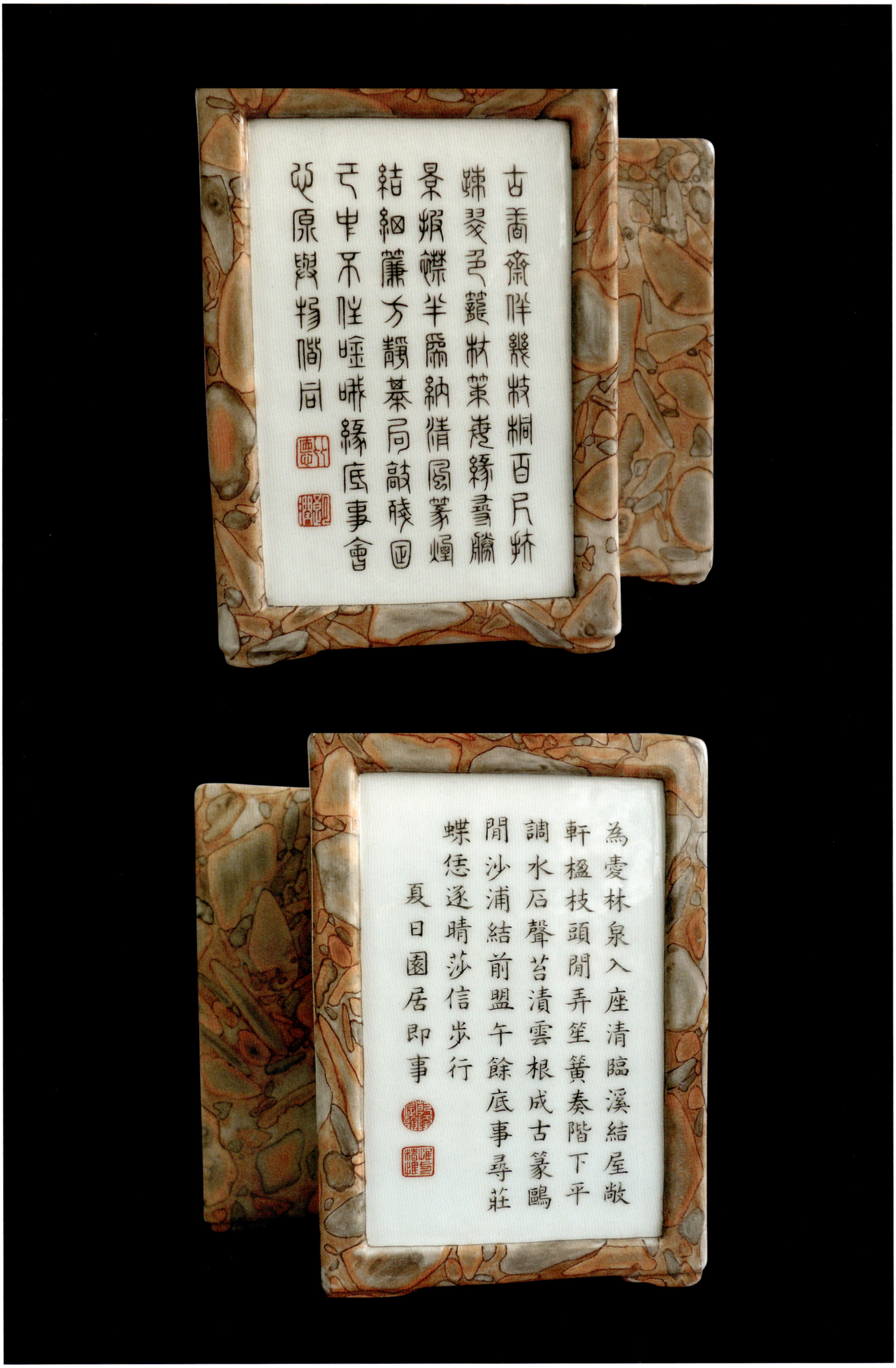
為愛林泉入座清臨溪結屋敞
軒楹枝頭閒弄笙簧奏階下平
調水石聲苔漬雲根成古篆鷗
閒沙浦結前盟午餘底事尋莊
蝶恁逐晴莎信步行
夏日園居即事

后记

2019年发布的《北京市大运河文化保护传承利用实施规划》和2020年发布的《北京市推进全国文化中心建设中长期规划（2019年—2035年）》中，要求以大运河为轴线，构建大运河文化带发展格局，“万寿寺古都文化展示区”纳入大运河文化带建设和新时期北京文化中心建设大局之中。

四百多年前万寿寺因长河而选址，新时代的长河又因万寿寺的修建和博物馆的设立，增添了历史、宗教、宫廷仪轨、传统园林、文化艺术等多个维度的文化内涵。伴随着《万寿寺历史文化艺术》布展工程的竣工，万寿寺历史沿革展、馆藏佛像文物展、馆藏祝寿祈寿主题文物展、馆藏书画展、馆藏古代家具展、万寿寺第五次大修纪实展开放推出。与此配套的是《祝延万寿》《吉物咏寿》《万几余暇》《云落佳木》《万寿寺大修实录》五本图书即将付梓。图册是对基本陈列必然的升华、拓展和延伸，也是对“十四五”期间即将举办其他专题展的宣传。

《祝延万寿》既是万寿寺历史沿革展的配套图录，也是本届展览的综合宣传图册，史料翔实、图文并茂，介绍了万寿寺四百多年来的辉煌与衰落、古建筑的变换与更替；介绍了寺院建筑格局、彩画髹饰、山石树木，以及佛像、碑刻；介绍了博物馆依据古建筑特色以及馆藏品性质而规划的各个专题展览，展示了部分馆藏精品文物。

在十四五期间，《竹室人间》《丰繁竞采》《韫玉千秋》《窑火天工》《天涯邮踪》《泉行天下》等专题展览也将会相继开放。

《万寿寺历史文化艺术》展览的顺利布展与《祝延万寿》等书的发行，离不开各界专家学者的鼎力相助，离不开我馆各部室成员的倾心工作。感谢付清远、沈阳、陈青、刘超英、侯兆年、张树伟、黄雪寅、武俊玲、朱雅娟、林果、倪葭、陈捷等专家对展览以及万寿寺历史、古建筑、文物保护、展览设计的顾问指导；感谢北京艺术博物馆杨俊艳、胡桂梅、杨小军、刘远洋、李蓓、张杰、李晔、王淑珍、高塽、孙秋霞、赵伶、王田等专家对展览大纲、说明牌、讲解词的撰写与互相审阅；以及以上诸位专家对展厅陈列的概念设计、形式设计、藏品保护、讲解词等方面的论证指导；感谢北京石刻艺术博物馆于连成先生对本书涉及古代印章镌字的辨识校订；感谢中国社会科学院王亚蓉教授为馆藏清代6.5米长的织金缎经幡制定修复方案，司志文工程师带领刘远洋、李昕钰对经幡进行修复；感谢首都博物馆范胜利、马燕、任静怡、李泱、陈潇、胡晶六位老师为馆藏33件书画文物进行修复；感谢北京文物古建工程公司刘金良、谭德友两位师傅对馆藏54件木器家具文物进行修复；感谢北京众邦展览有限公司常福州、解威山、邢忘刚、王文姣、贾志强、李伟、王振南、诸葛鹏等设计师、工程师对展区、展厅的统筹设计施工和万寿寺庭院环境改善；感谢北京五塔寺文化艺术传播有限公司张智动等员工在撤、布展时对石刻文物的搬运与固定；感谢北京市文物建筑保护设计所居敬泽、周颖工程师提供古建筑测绘图纸；特别感谢著名表演艺术家、主持人王刚先生无偿录制万寿寺语音导览。

北京市文物局各级领导对我馆的展览改造工程给予了热情的指导和支持，陈名杰局长、向德春副局长带领博物馆处李学军、白崇、李阳等同志以及计财处董青祥、张玲等同志为展览审定展览大纲及展厅陈列提供了项目保证和资金保证。自2017年春季闭馆至今，万寿寺院内的古海棠六度绽放，我们经历了防控新冠疫情的重重考验，我馆全体职工为本届改陈不计个人得失，克服了巨大困难，倾注了全部的精力与心血，在此一并表示衷心的感谢！

各展厅展览的大纲撰写及策展者

《缘岸梵刹》	高堎
《妙法庄严》	赵伶
《吉物咏寿》	王放 李蓓
《万儿余暇》	杨小军
《传统与革新》	杨小军
《清风留痕》	杨小军
《器藏清雅》	杨小军
《大修实录》	王淑珍
《云落佳木》	王田 胡桂梅
《竹室人间》	胡桂梅
《丰繁竞采》	刘远洋
《韫玉千秋》	高堎
《窑火天工》	杨俊艳
《天涯邮踪》	张杰 高飞
《泉行天下》	李蓓 李廙

藏品档案	高飞
石碑拓片	贾瑞宏 郭继华
插图绘制	王丹
图片摄影	张铄 曹宏安 高飞 王丹 杨京京 杨小军 苑洪永 孔祥恺
古建筑测绘图	居敬泽 周颖
解说词撰写	张杰 孙秋霞 李晔 王田
资料服务	赵伶 郑晓男 高飞 金雨阁
安全保障	马学力 李文静 向勇 刘东海 赵振君 苑洪永 于福龙
衍生品研发	李蓓 李昕钰
网站建设	肖芮霞 王雁婕 曹洪安 芦冉 王放 高爽
后勤保障	王燕 刘雅楠 陈超 张石夕 张赟
经费管理	李勤昌 孙宇晴 张一波 张赟
防疫保障	李秀清 张振松 王燕 马学力 苑洪永
社教负责人	李宏
改陈负责人	徐衍伟
导览朗读	王刚
法律顾问	李清华
学术统筹	王丹 杨俊艳 胡桂梅
协调实施	李秀青 张巍 张振松
规划策展	王丹 周严 李秀青
纪检监察	李秀青 张振松 段海师 刘雅楠

壬寅立春

图书在版编目（CIP）数据

祝延万寿：万寿寺历史文化艺术 / 王丹著 . —北京：北京燕山出版社，2022.5

ISBN 978-7-5402-6510-6

Ⅰ . ①祝… Ⅱ . ①王… Ⅲ . ①万寿寺 – 介绍 – 北京②万寿寺 – 历史文物 – 北京 – 图集 Ⅳ . ① K928.75 ② K872.1-64

中国版本图书馆 CIP 数据核字 (2022) 第 090810 号

祝延万寿：
万寿寺历史文化艺术

著者　王丹
拓片　贾瑞宏　郭继华
插图　王丹
摄影　张铄　曹宏安　王丹　杨京京　杨小军　王田　苑洪永　孔祥恺

责任编辑　刘朝霞　王长民
整体设计　XXL Studio 郑坤
出版发行　北京燕山出版社有限公司
社址　北京市丰台区东铁匠营苇子坑 138 号
邮编　100079
电话传真　86-10-65240430（总编室）
印刷　北京雅昌艺术印刷有限公司
开本　889 × 1194　1/8
字数　200 千字
印张　47
版别　2022 年 5 月第 1 版
印次　2022 年 5 月第 1 次印刷
ISBN 978-7-5402-6510-6
定价　680.00 元